中学物理课堂教学与教师专业发展研究

朱瑜莉　著

中国原子能出版社

图书在版编目（CIP）数据

中学物理课堂教学与教师专业发展研究 / 朱瑜莉著
. -- 北京 : 中国原子能出版社, 2021.7
ISBN 978-7-5221-1486-6

Ⅰ. ①中… Ⅱ. ①朱… Ⅲ. ①中学物理课－课堂教学－教学研究 Ⅳ. ① G633.72

中国版本图书馆 CIP 数据核字 (2021) 第 142575 号

中学物理课堂教学与教师专业发展研究

出版发行 中国原子能出版社（北京市海淀区阜成路 43 号 100048）
策划编辑 杨晓宇
责任印刷 赵 明
装帧设计 王 斌
印　　刷 天津和萱印刷有限公司
经　　销 全国新华书店
开　　本 787mm×1092mm 1/16
印　　张 11.875
字　　数 226 千字
版　　次 2021 年 7 月第 1 版
印　　次 2022 年 1 月第 1 次印刷
标准书号 ISBN 978-7-5221-1486-6 **定 价** 68.00 元

网 址: http//www.aep.com.cn **E-mail: atomep123@126.com**
发行电话: 010-68452845

作者简介

朱瑜莉，女，山东省聊城市水城中学高级教师。自1994 年以来一直从事高中物理教学及研究工作，参与、主持完成国家、省、市各级课题多项；撰写的论文在《山东师范大学学报》《中国校外教育》《文理导航》等期刊上发表；先后获得：市教学能手、市教改优秀个人、市十佳班主任、市优秀教师、省优秀教师等荣誉称号。

前　言

随着新课改的不断深入和发展，我国的教育教学机制得到了不断的完善和发展。可以说，新课改在给我国的中学物理教学工作带来了新的发展机遇的同时也带来了新的压力和挑战，改变“填鸭式”的传统课堂，提高中学物理课堂教学的效率和效果成了一线中学物理教师一直努力的方向和目标。除此之外，中学物理教师也要实现自身的专业发展。

教师作为教学活动的组织者与引导者，应当具备先进的教学理念与有效的教学策略，才能够确保学生在教学中掌握知识与习得技能。身为一名中学物理教师，在当前新课改背景下，一定要重视向专业化方向发展，才能够提高中学物理教学的有效性。

全书共7章。第一章为绪论，主要阐述了物理课程的改革与发展、中学物理课堂教学的魅力、中学物理新课程标准解读等内容；第二章为中学物理课堂教学的基本理论，主要阐述了中学物理教学的过程、中学物理教学的原则、中学物理课堂教学评价等内容；第三章为中学物理课堂教学的基础准备，主要阐述了学情分析、研读教科书、学期教学计划、中学物理教学设计等内容；第四章为中学物理课堂教学的技能探讨，主要阐述了教学技能综述、中学物理课堂教学技能、中学物理课堂教学中的说课技能等内容；第五章为中学物理课堂教学的模式构建，主要阐述了中学物理课堂教学模式综述、中学物理翻转课堂教学模式的构建等内容；第六章为中学物理教师的专业发展探究，主要阐述了中学物理教师的基本素质与能力结构、中学物理教师的专业发展、中学物理教师的教学探究等内容；第七章为中学物理课堂教学环境的优化，主要阐述了核心素养下中学物理课堂教学环境的优化和互联网环境下中学物理课堂教学环境的优化等内容。

为了确保研究内容的丰富性和多样性，在写作过程中参考了大量理论与研究文献，在此向涉及的专家学者们表示衷心的感谢。

最后，限于作者水平有不足，加之时间仓促，本书难免存在一些疏漏，在此，恳请同行专家和读者朋友批评指正！

作　者

2021年1月

目 录

第一章 绪论…………………………………………………………1

第一节 物理课程的改革与发展 …………………………………………1

第二节 中学物理课堂教学的魅力 ………………………………………9

第三节 中学物理新课程标准解读 ………………………………………10

第二章 中学物理课堂教学的基本理论……………………………19

第一节 中学物理教学的过程 ……………………………………………19

第二节 中学物理教学的原则 ……………………………………………25

第三节 中学物理课堂教学评价 …………………………………………29

第三章 中学物理课堂教学的基础准备……………………………35

第一节 学情分析 …………………………………………………………35

第二节 研读教科书 ………………………………………………………59

第三节 学期教学计划 ……………………………………………………69

第四节 中学物理教学设计 ………………………………………………71

第四章 中学物理课堂教学的技能探讨……………………………74

第一节 教学技能综述 ……………………………………………………74

第二节 中学物理课堂教学技能 …………………………………………75

第三节 中学物理课堂教学中的说课技能 ………………………………76

第五章　中学物理课堂教学的模式构建……………………………………89
第一节　中学物理课堂教学模式综述 …………………………………… 89
第二节　中学物理翻转课堂教学模式的构建 …………………………… 98
第六章　中学物理教师的专业发展探究………………………………… 111
第一节　中学物理教师的基本素质与能力结构 ………………………… 111
第二节　中学物理教师的专业发展 ……………………………………… 115
第三节　中学物理教师的教学探究 ……………………………………… 130
第七章　中学物理课堂教学环境的优化………………………………… 153
第一节　核心素养下中学物理课堂教学环境的优化 …………………… 153
第二节　互联网环境下中学物理课堂教学环境的优化 ………………… 163
参考文献……………………………………………………………………… 182

第一章　绪论

为了能够更好地适应科学技术水平的发展，中学物理学科知识教育也应进行提升与改革。这种改革创新需要从自身实质性发展的角度进行创新，并利用一种学术倾向性的研究模式促进中学物理课程的改革和创新。结合这种教育教学模式，能够有效加强课程知识内容、实验教学内容以及最终的方法教育内容发展，并通过科学技术的渗透来进行逐步提升。本章分为物理课程的改革与发展、中学物理课堂教学的魅力、中学物理新课程标准解读三部分。主要内容包括中学物理课程改革的要求、新课程对物理教学的要求等方面。

第一节　物理课程的改革与发展

一、中学物理课程改革的要求

随着近几年新课程改革和新高考改革的相继问世，物理学科核心素养一词应运而生。在中学物理教学中，从教学目标到教学手段、从教学环节到教学反思、从课上习题到课后作业，无一不应以“推动落实物理学科核心素养”为指导理念和目标导向。因此，有关学者以一名“教师”的视角，认为良好的中学物理教学改革应注重“人”、凸显“情”、蕴含“味”。

（一）要注重“人”

随着物理教学论与学习论的研究与发展，“教师为主体”的观念逐渐被“学生为主体、教师为主导”所替代，“注入式教学”逐渐转变为“启发式教学”。现代教学更强调高质量、多维度、全方面地激发学生的学习动机和学习兴趣，强调“以人为本”。

①中学物理教学要注重“人的知识水平”。学生的知识水平是呈螺旋式上

升状态的。为使学生习得新物理知识，教师应从整体的角度全面分析教材各内容章节的连结性、初中物理知识的衔接性等问题，通过情景构建，唤醒学生对原有生活经验和已学物理知识的追忆和思考，并以小步子的教学方式，立足教学重点、突破教学难点。

②中学物理教学要注重“人的认知结构”。教师应遵循教育的客观发展规律和学生的身心发展规律，通过体验式教学、设计问题串等方式，将重点核心知识的教学由同化转为顺应，分析学生认知结构、提升学生学习能力。例如，教师可在课上组织学生进行吹泡泡的体验，通过回忆儿时的游戏经历，加强学生对“液体表面张力”的探索兴趣和求知欲望；亦可通过深入讲解“火车过桥”的初中物理典型问题，通过设计问题串，逐步引导学生构建“质点”这一物理理想化模型。

③中学物理教学要注重“人的发展需求”。教育教学不能限制于中高考所考察的内容，尤其是在物理教学中，教师应注重培养学生数理思想结合能力、观察现象并提出问题能力、辩证思考能力等，这些是学生在面对并尝试解决未知困难时必不可少的能力，也是促进学生终身发展所需要的能力。

（二）要凸显“情”

人是具有生命、思想、情感的个体，也是社会关系的总和。学生是具有极大可塑性和发展空间的群体，基础教育应为学生的终身发展奠定良好基础，因此，教师不能拘泥于课本上的知识框架和内容体系，应以发展的眼光在教学中凸显“教学情”和“教育情”。

①中学物理教学要凸显“教学情”。中学物理知识仅是学生在成长发展过程中必学的一部分基础，传授物理知识的背后应是注重培养学生学习能力，因此，教师应在教学中尝试打破各学科之间的壁垒和界限，将每个学科所体现出来的思想和内涵有机地进行结合，并通过指导学生记录学习笔记、自主分析试卷等方式，培养学生养成良好的学习习惯，以适应新时代的发展所需。

②中学物理教学要凸显“教育情”。基础教育阶段是学生身体和心理迅速发展的重要时期，教师应在传授物理知识之外，着重对学生进行爱国主义教育、心理健康教育、生命观教育等，抓住教学本质、凸显教育情怀。例如，在《万有引力与航天》一章的教学中，教师可增设以《航空航天技术与中国科技发展》为主题的自由讨论课，让学生体会国家之发展、时代之变革，滋生爱国主义热情。

（三）要蕴含“味”

学生从物理环境和教学环境中接受物理知识的程度是评价一堂物理课优劣程度的重要参考指标。物理课同其他学科课程一样，要生动形象、表达得体、浅入深出、富含韵味。

①中学物理教学要蕴含“科技味”。物理是与时代发展联系最紧密的一门学科。诺贝尔物理学奖、国家科学技术奖等都能描述和体现物理学发展的前沿动态。在教学中，教师可适当引入例如航天技术、量子信息、超导现象、天体黑洞等物理学科前沿知识，或是“墨子号”量子科学实验卫星、“天眼”球面射电望远镜、“蛟龙号”载人潜水器等我国近年来的科技成果，增强中学物理课程的“科技韵味”。

②中学物理教学要蕴含“人文味”。科技与人文是相辅相成的关系。教师可增设物理学史和逻辑哲学的讲解，构建“物理文化场”，以推动“课程思政”在中学物理教学中的应用。“飞流直下三千尺”是自由落体运动的实际表现，“坐地日行八万里”是运动相对性的经典实例，教师在课上引用诸如此类的古诗词，能在一定程度上增强物理课程的人文气息与韵味。

③中学物理教学要蕴含“艺术味”。教育本身就是一门艺术。教师在授课时，可兼顾学校特色、结合个人优势，通过借助新媒体技术、增设STEAM课程等方式，提升物理的艺术性。例如，flash动画绘制出的“磁场分布”能使学生直观而清晰地感受“物理的对称美”，模拟太阳系各个行星的运行轨道和运动规律能让学生体会“自然的和谐美”。

构建能迎合新时代学生发展需要、体现物理学科本位思想的中学物理教学模式，是每一位物理教育工作者应长期坚持探索的方向。从高观点视域下来看，中学物理教师应努力革新教学理念、创新教学模式、开发教学特色、提升教学素养，有效促进学生学习能力发展和教师职业能力发展，在物理教学中增强“人情味”，推动落实教学相长，让物理学科核心素养在中学物理教学中“熠熠发光”！

二、课改背景下中学物理课堂教学问题

（一）课堂学习氛围沉闷

因为传统教学模式的不良影响，所以教师在进行日常的教学工作时，总是不由自主地占据课堂的主体地位，对学生采用“填鸭式”的教学方法进行教学，

长久下去，学生的学习兴趣就会大大下降，甚至出现对学习厌恶排斥的心理，不利于其对物理知识进行良好的吸收和学习，使课堂气氛变得更加沉闷，在教师提出问题的时候，无法做出正确的解答，让师生间的关系变得僵硬，不利于学生对物理知识进行良好的吸收和学习，进而影响到其今后的学习和发展。

（二）教学方式较为单一

虽然新课改下有了一种新型的教学模式，但是部分教师还是使用自己传统的教学理念对物理知识进行教学，采取的教学方法只是“教材”“粉笔”等老旧的工具，无法吸引学生的注意力，使学生很容易在课堂上出现“溜号”“走神”的不良现象，教师的教学工作得不到有效开展，学生无法真正的掌握物理知识，对其今后的学习和发展都造成了不良影响，使教师的教学工作无法进行有效的落实完善。

（三）课程目标与学习时间的矛盾

课程目标是学生学习过程中的具体目标，遵循课程标准而制定。随着时代的发展，在国际视野的影响下，我国的课程标准经历了从“基本知识、基本技能”到“三维目标”再到“核心素养”的转变，即实现了从重视知识到发展能力再到核心素养培养的观念转变。尽管新的培养方式关注了教育的内在性、人本性、整体性和终极性，有利于实现教学的价值自觉，但也增加了培养的深度和复杂度。

同时，物理学科本身具有抽象性、逻辑性、系统性强等特点，在以往的学习中已存在学习难度大、压力大、学习有效性低等问题。因此，在新课程实施的背景下，如何平衡全面的物理课程目标与有限的学习时间是有效实施物理教学的重要基础。

（四）学习活动与学习进度的冲突

学界对于“学习者如何学习”的问题进行了长期的探讨与研究，其中，皮亚杰认为学习是学习者与外界的同化、顺应过程，焦尔当认为学习是主客体之间的解构、建构过程。尽管学者们对学习过程的解读不尽相同，但都认可 “学习发生于学生自身，由学生自己决定”。很多教学研究也印证了这一观点，并进一步形成了“学生主体”的价值立场。“学生主体”理念的学习活动随着教学观念由知识本位向学生本位的转变也在教学中逐渐占据更大的比重。

同时，鉴于物理学的学习是以观察和实验为基础的，且研究表明，为学生提供充足的思考与实验试错时间有助于学生对物理知识的理解。尽管增加实验活动、给予学生更多思考和表达时间有助于物理教学效果的提升，但这也为课堂教学带来了更多的不确定性，活动的难度、复杂度、学生的初始能力以及教师的指导强度都会影响到学习效果与教学进度。因此，如何平衡好学习活动与教学进度之间的关系是有效开展物理教学的前提条件。

（五）学习动力持续下降

学习力是学生的生长力，即人具有的生命能量与活力。学习力是终身学习的关键，是核心素养发展的增值力，也是我国基础教育改革“三力模型（区域性决策力、校长领导力和学生学习力）”之一。

不同学者对于学习力的要素界定各不相同，有学者将其界定为学习动力、学习态度、学习方法、学习效率、创新思维和创造力等要素。也有学者认为其是学习能力、学习毅力、学习效率、学习动力、学习创新力、学习转化力、学习合作力和学习反思力等要素的总和。但不管要素如何划分，可以发现学习动力都是学习力中不可忽视的成分，是激发学习力的重要因素。

有研究表明，现阶段，中国学生的学习动力随着年龄的增长逐渐下降。而这一现象在物理学科教学中更为明显。鉴于教学是达到学习目标的基本途径，因此，如何改进物理教学，提高学生的学习动力就成为实现有效物理教学的重要任务之一。

（六）创新教育培养不足

创新教育是以学生创新意识、创新思维以及创新能力培养为目标的教育。其中，创新意识是指好奇心、毅力等促进创新发生的内在动力，创新思维是指直觉思维、形象思维、逻辑思维等促进创新进行的高级复杂认知能力，而创新能力则是指在前两者的作用下转化为产品的实践能力，三要素密切相关、不可或缺。

创新是社会发展的动力，是国家发展的战略要求，创新人才的培养是我国课程改革的重要目标之一，但在以往知识本位教学观下并未重视创新人才的培养。正如 2020 年 9 月习近平总书记在科学家座谈会上所说，“要加强创新人才教育培养。人才是第一资源……要把教育摆在更加重要位置，全面提高教育质量，注重培养学生的创新意识和创新能力。”

中学阶段是学生思维能力快速发展的阶段，也是创新教育的重要时期，而物理学从本质上讲就是创新的产物，物理学科教学是创新教育的重要阵地。因此，如何在物理教学中进行创新人才的培养对国家和学生的发展皆具有重要的意义。

（七）对改革思想认识不清楚

传道、授业、解惑是我国教师自古以来的优秀美德，而正是这一传统美德也使得我国的教师角色拥有明确的定位，即作为教师应为学生进行知识的传授，帮助学生解决成长过程中的疑惑。

然而多年以来，在以分数论教学成果的背景下，很多物理教师在进行教学的过程中以考试为教学目标，以题海战术为教学的主要方式，以学生的考试分数评价学生的学习能力，使得培养出的人才并不能充分的满足社会发展和人类进步的需求。因此需要对传统的教学理念、教学方法和教学模式进行转变。

在新课改理念下，教师应更注重学生的学习技能，注重培养学生的学习方法和学习习惯，使学生能够对知识进行自主探索与研究，培养学生的综合能力全面提升，这才是素质教育和新课改实施的主要目的，因此需要教师进一步对这一改革思想和改革目标进行清楚的认识，能够以培养学生的综合素质全面发展为教学目标，以培养符合时代进步与社会需求的综合性人才为目的开展教学。

（八）教师的教学方法不合理

部分中学教师受环境的影响，教学缺乏艺术性，主动探索与改革教学方法的欲望不够强烈，很多教师仍然以传统的教师讲、学生听的“填鸭式”进行教学，很难营造出轻松、愉悦的教学氛围，如何让学生主动参与、主动探究、主动合作等新型的学习方式，真正让学生互动起来，故而传统的教学方式已不能适应新课程的教学要求，不能激发学生学习物理的兴趣。所以中学物理教师的自身素质有待提高，教学方法有待改进。

（九）学生内在因素的影响

物理学具有单位复杂、知识点多、逻辑严密等特点，学生在学习过程中容易产生以下几种不良表现。

①消极。表现为不按时完成作业，视学习为包袱，永远处于被动的学习状态，缺乏独立完成作业的精神。

②畏惧。不愿参加物理教学活动，在该活动中常处于紧张状态，害怕被教师提问。

③厌倦。讨厌物理学习，持一种抵抗心理对待物理学习。

④自卑。缺乏学好物理的勇气和信心，长期的失败则导致其放弃学习物理。

三、中学物理课程改革发展的策略

物理学是众多学科中的一门重要课程，产生于实践并最终应用于实践。因此，提高中学物理教学水平至关重要。作为中学物理教师，根据多年来的教学经验，应积极对目前存在的教学现状进行分析并提出解决对策。

为使中学物理教学更好地发挥其在素质教育中的作用，改变物理教学现状，进行物理教学改革至关重要。具体来讲，主要策略有以下几点。

（一）突出物理的学科特点

物理学是一门以实验为基础的学科，物理实验教学是物理教学的重中之重，教师要高度重视物理实验教学。很多学生之所以喜欢物理，是因为物理课上的很多实验直接激发他们学习物理的兴趣。教师要理解学生的这种心理，重视物理实验教学，使学生保持浓厚的物理学习兴趣。针对部分学校实验器材不齐全的情况，教师要提前做好器材的前期准备，确保学生看到课上实验演示的现象及结果。并鼓励学生利用日常生活用品，设计实验，并完成实验。为充分发挥物理实验在物理教学中的巨大作用，新课标把物理实验作为科学探究的重要组成部分，使之上升到与科学知识同等重要的位置。这要引起教师的高度重视并付诸实践。

（二）加强学习方法的指导

现如今，许多父母都处于一种忙碌的工作状态中，无暇顾及自己的孩子，在亲自指导孩子学习知识这方面更是缺乏重视，这种现象导致学生无法得到家长在学习上的指导，使得学生无法克服在学习上遇到的困难，尤其是一些理科知识，久而久之，便养成了遇到困难就放弃的习惯，这样不利于学生的发展。针对此类现象，要求教师加强学习方法的指导，加强范例的教学，同时辅以强化训练，给学生布置适量的课外作业，并及时检查，发现问题要及时解决，直到学生理解透彻为止。

（三）激发学生学习物理的兴趣

中学生的学习积极性是以学习兴趣为前提的，所以培养中学生的学习兴趣是中学物理教学的重要环节。培养学生浓厚的物理学习兴趣可采取以下措施：①多做实验，成功的实验体会能够增强学生学习物理的兴趣。②多讲述生活中熟悉的物理现象，使物理教学与日常生活紧密结合，激发学生物理学习的兴趣。

③与学生多沟通交流，良好的师生关系是培养学生学习兴趣的前提和保障。

（四）培养学生良好的学习习惯

教师在传授知识的同时，如果能够有意识地培养学生良好的学习习惯，这样不仅可以提高学生的学习能力，而且可以提高自己的教学水平。关于学生良好学习习惯的培养有以下几点看法。

①要从细节抓起，持之以恒，如正确的书写姿势等。

②加强对学生的个别辅导，帮助学生树立学习物理的信心。

（五）渲染良好的课堂学习氛围

一个良好的课堂学习氛围对学生而言是非常重要的。课堂气氛的低沉，会使学生在学习中无法将全身心投入到课堂学习上来，对教师所提出的问题无法进行有效回答。针对这一问题，就需要教师渲染一个良好的课堂学习氛围，使师生间的关系能够得到有效拉近。

例如，教师在“电学”这方面的知识教学过程中，可以由一些小问题进行对课堂主题的开展，如“同学们知道我们生活中所使用的电是怎样形成的吗？”“电灯为什么会发亮？”等问题，让学生对所学内容产生兴趣，从而使教师接下来的教学工作能够得到有效的开展。这样的方法，能够让学生对教师所提出的问题产生疑惑，从而对教师接下来的教学内容充满期待，使自身能够全身心地投入到课堂学习中来，让师生间的关系得到有效开展，使一个良好的课堂氛围得到渲染。帮助学生掌握电力相关的知识，让学生今后的学习发展能够有一个稳步的提高，对知识技能的掌握能力得到巨大的提升，使教师的教学工作也能够得到有效的落实和完善。

（六）采用多媒体教学工具进行教学

随着我国综合国力的不断提升，科学技术手段在人们的生活、工作和学习中发挥着巨大的有利影响，其自身具备的便捷性、趣味性等优势能够为人们提供更多的便捷。教师对此应抓住机遇，将多媒体教学工具运用到中学物理课堂上，使学生能够对所学的内容充满兴趣。

例如，教师在讲解“力的合成与分解、物体的平衡”的教学内容时，可以在将教材内容进行讲解后，通过多媒体工具的运用，展示一些相关的知识，如“两个力的合力范围”“合力大小和分力的关系”等，通过运用多媒体教学工具的便捷性和延伸性让学生对这些知识产生兴趣，从而主动地投身到课堂学习中来，在学生掌握了这些物理知识的时候，还能够利用多媒体教学的延伸性，对一些教材中没有的问题进行探索，让学生能够获得更多的知识，丰富自身的眼界，让自身的综合能力发展和对知识技能的掌握能力都能够得到有效的提高，对其今后的学习发展提供巨大的帮助。

第二节　中学物理课堂教学的魅力

一、强化中学物理课堂魅力的重要因素

（一）信息技术让物理课堂有魅力

随着科技的迅速发展，信息技术在物理教学中的应用也越来越广泛，特别是DIS的应用，能将各种物理量精确地测量出来，化抽象的物理知识为形象的可理解的知识，降低学生的学习难度，并能锻炼他们的动手能力，增加他们体验的机会。具体来讲，信息技术不仅可以让知识变得更加易懂易学，而且也让课堂变得更加有吸引力。技术在不断进步，课堂与信息技术的融合会越来越紧密，在以后的教学实践中相关学者还会不断尝试用更多的方式，继续让物理课堂魅力四射。

（二）实验让物理课堂有魅力

1. 增添课堂趣味

众所周知，中学阶段学生需要面临多学科学习以及中高考压力，故而在学习逻辑性强、知识点抽象的物理内容时，常常会心生疲惫或厌倦之感。而这时如果教师可以引入一些趣味小实验到课堂中来的话，很容易激起学生的学习兴致，扫除他们内心的疲倦感，让他们能够在课堂学习中保持长久的活力，从而提高教学有效性。

2. 培养探究能力

如今，在新课改旗帜下，核心素养教育已经成为中学物理教学的重要内容。而探究能力作为其中的重要部分，有着极高的教学地位。加强趣味小实验的课堂渗透，能够激发学生对问题的思考与实践意识，进而让他们能够更加深刻地体悟到相关知识点的内涵精髓，并使他们的探究能力与观察能力均得到有力培养。

3. 促进知识活用

对于教育事业而言，其本质目的并不是提高学生应试能力，而是让学生能够学会活用知识，并利用这些知识实现自我价值。而物理教学若想实现这一点，单纯依靠理论讲述是不现实的。这时，教师可将趣味小实验引入的教学中来，指引学生依据教学内容，进行动手和动脑，以此来促使他们的知识活用能力得到有力提升，为其综合素养发展奠基。

二、新形势下塑造中学物理教学的新魅力

物理学作为一门学科，它不仅是一种知识体系，同时也是人类精神文明的硕果。在物理学的建立和发展过程中，蕴含着丰富的文化品性。通过分析当前课堂教学和课程改革的新形势，发现物理文化教育蕴含新的魅力。挖掘梳理物理文化存在四点育人价值：帮助学生进行科学认知与思维训练，帮助学生树立科学态度与科学精神，帮助学生提高审美和鉴美的能力，帮助学生树立正确的科学价值观，提出在中学物理课堂中渗透物理文化教育的原则和途径，从而更好地发挥物理文化教育功能，塑造中学物理教学新魅力。

物理教育广义上是一种文化传承活动，物理学不仅是一门自然科学，更是一种文化，因而物理教育不是一种简单的知识或事实的传授过程，更是一项复杂的文化活动。在实践教学中，教师除了教授物理知识，还应渗透物理文化价值，让学生在物理学习过程中养成科学的思维方式，感受物理学中蕴含的真、善、美的科学态度和人文精神，接受物理文化的全面熏陶。

通过在中学物理课堂中渗透物理文化教育，帮助学生提高科学认知水平，树立科学探索精神，提升审美鉴美能力，树立正确的科学价值观，从而更好地发挥物理文化教育功能，塑造中学物理教学新魅力！

第三节　中学物理新课程标准解读

一、中学物理新课程标准概述

“新课程标准”是国家为了全面推进素质教育，借鉴了世界各国先进的教育理念和成功的课程改革经验，而在国内推行的课程标准。2001 年教育部《基础教育课程改革纲要（试行）》的印发标志着新课程改革的开始。新课程以人

的素质的发展为目标，注重培养人的科学素养和人文素养，注重其形成正确的人生观和价值观，使其具有社会责任感和终身学习的能力。

新课程标准的制定以学生的全面发展为核心，提出了一些具体目标，特别强调“让学生形成积极主动的学习态度，在获得知识与技能的同时也要学会学习，并形成正确的价值观”。要求教师“在教学中要与学生积极互动、共同发展。要尊重学生的人格，关注个体差异，满足不同学生的需要，引导学生积极主动参与，使每个学生在原有的基础上都能得到发展”。对中学阶段，特别提出“满足不同水平学生的需求，实现学生有个性的发展”。

中学物理是科学领域的基础课程，目的在于培养学生的科学素养。课程应关注学生形成基本的物理知识与技能；了解物理科学的研究方法，体验物理的探究过程；增强科学探索和创新实践能力，培养科学态度科学的价值观。中学的物理教学要注重提高学生的科学素养，从科学方法、科学态度和价值观方面培养学生，为学生终身发展、应对现代社会和未来发展的挑战做准备。倡导自主多样化的学习，通过多样化的方式，培养其科学素养；关注学生全面发展，关注学生的个体差异，帮助学生认识自我、建立自信，促进学生在原有水平上发展。

二、新课程对物理教学的要求

开展新课程教学是一个系统复杂的工程，如何把新课程的理念落到实处，需要我们在教学教研以及教学管理各方面做出重新定位。最核心的问题是要对新课程的教学有深刻的认识。新课程标准是相关教育部门和专家广泛吸收了世界各国课程改革先进经验的基础上制定出来的，非常具有前瞻性，有很多先进的理念对实际的教学有着很强的指导意义。但是，不得不承认，相对于当下我国基础教育的现状，这个要求提得非常超前，现在将之作为标准还为时尚早，它更现实的意义是为改革当下基础教育指明方向。

要完成这一课程改革，制定标准只是第一步，更新教材也只算第二步，只有课堂教学的成功改革才能把新课程理念落到实处。新课程对教学提出了什么样的要求，如何在新课程的理念下体现课堂教学的有效性。有关学者将从以下几个方面分别进行论述。

（一）构建基于素质发展的教育目标

传统中学物理教学过于注重考试分数，过于重视知识的传授和解题能力的培养，忽略了学生的情感体验、人格的培养和价值观的形成，甚至为了出成绩，把重点精力集中在少数尖子学生身上，而忽略了大部分学习能力较低的学生的发展。长期以来形成的应试的观念给广大学生带来沉重的心理压力，也极大地束缚了教师教学活动的开展，这有悖于教育的初衷，非但没有培养出大量尖端人才，反而培养出很多高分低能、学而无用的“高材生”。这显然不利于教育事业的进一步发展，但是离开了应试评价的目的，很多人又会迷失教育的方向。毕竟，相当多的家长和学生对中学的期望就是通过高考上个好大学，而高校资源有限，要考上好大学的竞争又是如此激烈，谁都不敢掉以轻心。因此教师、学生、家长只能牢牢抓住高考这条生命线，时刻放松不得。

虽然高考的公平选拔意义重大，但是，以分数为中心的教育教学还是逐渐暴露出它的弊端，与新时期的学生要求和社会要求显得极不适应。新时期的学生更注重个性的张扬、过程的体验和独立意识的形成，而当下社会也更需要有独立意识和创新精神的公民。这样，以分数为纲的中学教育就很难满足学生和社会的需要。因此，我们必须重新思考中学教育的本质目的和课堂教学的核心价值。

教育的本质目的是为了更好地进入社会，为了更高层次的发展做准备。而课堂教学就是为实现这一教育目的的最普遍的组织形式，为了提高效率，让一个教师可以同时教很多学生，也为了学生之间可以交流合作共同提高，课堂教学成为最主流的教育组织形式。可以说，有了教材，有了初中、小学的基础，学生完全可以看书自学，合作交流，那么教师存在的意义是什么？教师开展课堂教学的核心价值又是什么？经过长时间的观察，一些学者认为，教师开展教学的核心价值应该体现在让学生学得更有效率，学得更轻松以及有更愉快的学习体验。这就像好的厨师可以把食物加工的更容易消化、更美味、更有营养。教师也正是学生课程大餐的提供者和加工者，好的教师通过课程准备和组织教学，就是为了让学生学得更有效率，更有收益，获得更愉快的学习体验。为此教师必须首先在执教理念上有较高层次的理解，才会在教学活动中贯彻新课程改革的精神。

（二）关注学生的参与和体验

认知过程与情感体验是学习活动中同时存在的两个方面，没有认知过程就没有对认知过程的情感体验，同样没有情感体验就没有教学活动能够的发生和维持。传统的教学忽略了学生的情感体验，把复杂的教学活动压制于固定的认知框架当中，因而引起了很多恐惧、苦恼等消极感受，同时也阻碍了他们的学业发展。在新课程理念下，情感、态度、价值观的因素被提到了课程教学当中，从而使课程教学的内涵更加丰富。基于素质发展的教学必须将情感态度价值观有机地渗透到课程教学内容之中，有意识的贯穿于教学过程，使之成为教学的灵魂。

（三）倡导自主开放的学习方式

学习方式的转变要求改变学生原有的单纯接受式的学习方式，充分发挥学生主体性的学习方式，让学习不再是外在的控制力量，而是一种能动的、内在的精神解放运动，培养学生的学习爱好，培养他们的创新精神和实践能力，帮助他们养成终身学习的愿望和能力。

教师和学生都是具有独立人格的主体，在人格上完全平等。师生之间的和谐关系是建立在和相互理解、相互支持、相互信任的基础之上的。当前教学中普遍存在的教师权威主义现象严重的剥夺了学生的自主性，很多抵触情绪由此而生。新课程教学要求师生间通过和谐的交往，建立起平等、和谐、民主的师生关系，让学生体验到民主、自由、尊重、友善、宽容、理解与关爱，才能接受教师的召唤、感化和鼓舞。这样才有助于学生产生丰富的情感体验和积极的人生态度。

三、新课程标准下中学物理有效教学的策略

在这里，我们将从当下中学物理教学中普遍存在的无效低效环节出发，着重讨论教学如何朝着新课程教学的方向调整，如何在新课程的理念下提高课堂教学的有效性，具体内容如下。

（一）用课程意识准备教学

传统的课程观中“课程”被理解为国家按学科编制的规范性的教学内容，即学习的科目和学科内容。开发课程是国家教育部门的事，教师无权干涉也无须思考，教师的任务只是按照教学大纲的要求完成教学任务，教师只关注如何教，如何有效的传递，“课程是专制的一方，教学时被控制的另一方”。这样的课程与教学的机械对立关系极大地束缚了教师的主体性和生命力。新课程改革所倡导的课程不再是特定知识的载体，而是教师和学生共同参与、共同合作、相互交流的教学过程，不再是教学大纲、教科书等课程文本，而是师生共同参与的课程体验。

教师和学生是课程的有机组成，都是课程的主题，教师不再是孤立于课程之外的，而是课程的重要组成部分，是课程的主体和课程的开发者和创造者。

这样课程改革就成为教师和学生追求主体性、共同构建新课程教学的过程。

以《自由落体运动》目标设定为例，具体内容如下。

知识与能力：

①知道自由落体运动的概念、条件和运动特点。

②知道自由落体运动实质是一种初速度为零的匀变速直线运动。

③知道重力加速度 g 的取值和特点。

④掌握自由落体运动的规律，并能利用规律解决一些问题。

过程与方法：

①观察石子，纸片的下落过程，通过比较，了解重力和空气阻力对落体运动的影响，并在实验中理解和体会。

②分别对比石子和纸片、石子和纸团的下落运动，观察消除空气阻力影响之后，仅在重力的作用下，不同物体的运动情况是否相同。

③通过牛顿管的演示进一步证实，若消除空气阻力的影响，任何物体从静止开始下落的运动都具有相同的运动形式和规律，这样一类运动可以单独归类，称之为自由落体运动。在实际情况中，若空气阻力相对于重力可以忽略，这一运动也可以看成是自由落体运动。

④通过观察以及对频闪照片的分析得出，自由落体运动是初速度为零的匀加速直线运动，加速度是一恒定值，重力单独作用于任何物体都产生这一相同的加速度，称为重力加速度。

⑤结合之前匀变速直线的运动规律，归纳出自由落体运动的相关规律。

⑥在具体的实例中使用自由落体的运动规律进行分析，强化理解。

情感、态度与价值观：

①通过落体实验体会如何排除干扰因素，抓住事物的本质的研究方法。

②在分析频闪照片探索自由落体运动规律的过程中，增进理解与感悟，培养辩证唯物主义的价值观。

（二）挖掘课程的学科价值与人文价值

在新课程的教学活动中，课程内涵变得丰富了，情感不仅包括学习兴趣和学习热情，更包括内心的体验和心灵世界的丰富；态度不仅关注学习态度，更关注科学态度和人生态度；价值观不仅强调个人价值，更关注科学价值与人文价值。这样的教学才能给学生提供全面发展的成长环境，才能促进学生全面和谐发展。这要求我们在设定教学目标的时候要把学生的成长和终生发展放在首要位置。

以往课堂过于强调知识性目标，学生的情感态度发展往往被忽视，这样的教学从根本上失去了对生命个体的整体关怀，素质教育的功能由此丧失。要实现基于素质发展的教学，具体说来要做到两个统一，即结论与探究过程的统一和认知与情感体验的统一。

以《自由落体运动》教学设计为例，具体内容如下。

若从知识的层面来讲，本节课只需要解决以下三个问题。

①物体下落的情况？

②一种无阻力的理想化情况？

③总结自由落体运的运动规律？

然而，只为解决这些知识层面的问题，很难带给学生真正的收获。真正的收获在于学生在学习的过程中获得感悟，在心灵中产生了新的问题和探索的尝试，并在今后的岁月中不断孕育。伽利略的批判意识，逻辑推理，猜想与假说和实验验证的科学探索都是物理教育的宝贵素材，应注重开发这方面的价值。

如果从科学史的角度来组织这一节课，就有很多值得感悟和思考的问题，举例如下。

①简单的落体运动何以蕴含如此深刻的道理？

②古希腊智者，何以犯错，且一错千年。可悲？可叹？

③伽利略的高明之处？

基于这样的设计，在课堂上，组织学生讨论，伽利略为什么在科学史上有着如此重要的地位？他对科学的发展有哪些划时代的贡献？

生：伽利略注意到空气阻力的作用，并且用整体法和隔离法的进行富有逻辑的推理。这是一种新的科学的思维、理性的思维。

师：是的，正如爱因斯坦所说：虽然事件和经验事实是整个科学的根底，但是它们并不构成科学的内容和它的真正本质。科学的内容和本质还需要理性思维的构造。那么他对于我们认知自然规律提供了哪些借鉴呢？

生：伽利略的成功告诉我们，科学规律的发现离不开两个方面，一个是以实施经验为基础，另一个是逻辑推理，缺一不可。

师：的确，伽利略科学的推理方法，是人类思想史上最伟大的成就之一，标志着物理学的真正开端。与此同时，确立了科学实验是检验科学真理的唯一标准的科学观念。

传统课堂教学过分注重知识的传递和技能的训练，这种以知识和技能为中心的教学极少关注学生的情感体验、价值观的形成和素质的养成。新课程教学必须确立发展性的教学目标，坚持挖掘过程的价值和体验的价值。

任何一门学科都有特定的研究对象和研究方法以及由此形成的理论体系，科学的探究方法往往具有更重要的教育价值，学科的概念和原理体系也只有和相应的探究过程相结合才能有助于学生科学思维的形成和科学探究的体验。

注重思维过程和探究体验意味着学生要直接面临问题和困惑，有可能花了很多时间一无所获，甚至受到挫折，但这是个人成长发展所必须经历的过程，也是个人能力提升不可或缺的过程。

（三）引导学生投入学习

教学的是否有效不是看教师讲了什么或者如何讲授，而是要看学生是否参与学习过程以及在此过程中是否增进理解能力、提升了思维水平。课堂不应该是教师向学生的单向灌输，不是教师讲知识，学生跟着学，而应该是在教师的组织下，学生有步骤地参与学习过程，在参与学习的过程中学生开阔视野，增加知识，提升思维水平，感受人类多科学认知的过程。因此教师在课堂上的一个主要任务就是调动学生投入学习过程，让学生自主的参与学习，获得思维水平的提升和对科学探究过程的感悟。

这就要求我们在设定教学目标的时候不能只考虑学科的知识技能、概念规律以及重点难点，更应该考虑到学生的学习目标，考虑到学生在课堂上应该如何投入学习，考虑到课堂上学生应该具体做些什么，需要做到什么程度，如何有步骤地达成学习目标，以及需要什么样的引导和帮助。教师组织教学必须结合学生的实际情况，对课程资源再度开发，与学生有效互动，激活学生的主体意识和探究意识，才能实现新课程的教学。

（四）鼓励学生体验和感悟

在学习活动中，情感体验和认知过程是共同存在的两个方面，可以说，二者是相互联系、互相依存的关系，情感体验是教学活动维持的重要基础。在传统的教学模式下，学生的情感体验往往不受重视，这无疑影响了学生的学业发展和能力培养。在新课程理念下，要更加重视学生的体验和感悟，进一步丰富课程教学的内涵和内容，提升学生能力和水平。

情感不仅指兴趣、热情，更强调内心的体验和心灵世界的丰富；态度不仅只是学习态度，严谨的学术精神和科学态度；价值观不仅强调科学的价值，更强调人文价值与社会价值的统一。

以课堂实录——《牛顿运动定律》为例，具体内容如下。

在牛顿运动定律的新课完成后，教师发动学生积极评价牛顿运动定律的重要意义，共同品味科学规律的和谐与统一。

师：牛顿在前人的基础上深入总结，大胆推理与验证，最终总结出了力学的三大定律，成为经典力学的基础。现在请大家分别评说一下，这三大定律的重要意义，先说说牛顿第一定律的伟大意义。

生：关于运动和力的关系，亚里士多德根据经验没能总结正确，伽利略在实验的基础上进行推理，也没能完全说清楚，而牛顿提出了惯性的概念，并从力的效果的角度解释清楚了物体维持运动不需要外力，而改变物理的运动状态需要外力。在人类的认知领域有开创性的意义。

（五）推动动态调整

传统的课堂为教学而教学，过分注重预设和程序化，使课堂变得机械化而缺乏生气，因而学生的思想自由和生命力不能得到充分发挥。新课程理念指出生活是科学的基础，教育应回归科学，就是说，教学要走向开放，要把学生的经验和个人知识融入课程资源，鼓励学生自我解读，自我构建，尊重学生的个性和独立见解，使学习称为富有个性化的过程。

《有效教学方法》的作者鲍里奇教授指出一个好的教师是一个flow teacher，flow可翻译为心流，指心理状态的流动与变化，就是说一个好的老师要能把握住学生心绪流动和学习状态的变化，有节奏地引导和调动，让学生投入学习过程渐入佳境。

以课堂实录——《牛顿第二定律》为例，具体内容如下。

在学习牛顿第二定律时，把牛顿第二定律的结论总结出来后，教师引导学生从牛顿第二定律的角度出发理解重力和重力加速度。

师：之前我们研究自由落体运动的时候提到，任何物体在只受重力作用下产生的加速度都是 $g = 9.8\ \mathrm{m/s^2}$，想想为什么呢？

生：陷入沉思。

师：质量不同，所受重力也不同，为什么产生的加速度会相同？

生：若有所悟。

生1：只有重力作用时，重力就是合外力，根据牛顿第二定律，产生加速度 $a = G/m = mg/m = 9.8\ \mathrm{m/s^2}$，其中质量越大，重力也越大，同时惯性也越大，运动状态难以改变，所以产生的加速度与质量无关。

师：在初中我们学过物体所受的重力与自身质量成正比，比例因子 $g = 9.8\ \mathrm{N/kg}$，这两个数值上都是9.8，他们之间有必然的联系吗？

生：让每千克物体产生 $9.8\ \mathrm{m/s^2}$ 加速的合外力一定是9.8 N，重力对每千克物体产生的吸引都是 9.8 N，所以对任何物体产生的加速度都是 9.8 m/s^2，从牛顿第二定律的角度来看，$g = 9.8$ N/kg 和 $g = 9.8$ m/s^2 的数值是相等的，单位是相通的。

师：这也告诉我们，形式越简单，内涵越深刻。

学：纷纷点头，有所感悟。

教学活动的组织要改变以往讲授、提问、回答点评的套路，而应更多地走向互动，走向开放和生成。教师要能有效地调动学生自主参与学习的过程，并实时把握学生投入学习所处的状态，通过必要的引导、点拨和鼓励，使学生有效参与学习，并在学习的过程中开阔视野、加深理解、提升思维，获得科学探索的体验和感悟。

第二章　中学物理课堂教学的基本理论

课堂教学是提高学生创新思维水平、培养学生创新能力的主渠道。而为了更好地完成优秀人才培养，必须深入了解中学物理课堂教学的过程、原则和评价，提前做好准备，在此基础上进一步提高学生的物理素养和能力。本章分为中学物理教学的过程、中学物理教学的原则、中学物理课堂教学评价三部分。主要内容包括中学物理课堂教学过程的概念界定、中学物理课堂教学评价的理论综述等方面。

第一节　中学物理教学的过程

一、中学物理课堂教学过程的概念界定

什么是物理课堂教学过程？这是物理教学论应该回答的问题。但是，目前对物理课堂教学过程的描述存在很多缺陷，主要表现在以下几个方面。

①表述罗列物理教学系统的各要素或教学目的的内容，而未揭示出物理课堂教学过程的深刻本质与内在联系。这种描述性的要素罗列不仅常常求全不全，顾此失彼，而且有些要素没有体现物理教学的特殊性。

②表述往往把物理课堂教学过程描述为理想的、完美的过程，没有注意区分“是什么”和“应该是什么”，即教育事实判断和价值判断之间的不同。所描绘的“物理课堂教学过程”是一个理想状态的概念，是一种价值取向，而不是对现实存在的各种物理教学过程所作的分析、抽象和概括。

③表述不够清晰。概念的内涵是丰富的，定义作为揭示概念内涵的逻辑方法，应以压缩的形式、使用简明的语言清晰地揭示概念的丰富内涵。物理课堂教学过程作为一个概念，其内涵的本质因素不一定是唯一的。在定义物理教学

过程时，应首先找出物理课堂教学过程的本质因素，然后区分在这些本质因素中，哪些是基本的本质，哪些是非基本的、派生的性质，从而将物理课堂教学过程本质的、基本的性质概括在表述中。将物理课堂教学过程的很多属性都概括在定义中是不可取的。

根据对一般教学过程的认识，可以把物理教学过程表述为：“物理教学过程是在相互联系的教与学的形式中进行的，在传授和学习物理学知识的基础上促进学生身心发展的，由社会精心组织起来的认识与实践统一的活动过程。”

二、中学物理教学过程与物理学史的融合

（一）两个版本的物理课程标准对比

总体上，2017 版课程标准与 2003 版课程标准对物理学史的内容要求保持了一致，但在细微之处也有改变。如 2017 版物理课程标准强调了体会库仑扭秤实验设计的巧妙之处，在动量守恒内容中要求学生通过查阅资料，了解中子的发现过程，并讨论动量守恒在其中的作用。而且由于教材顺序及内容的调整，使得相应的物理学史内容的安排也发生了一些调整，但内容本身还是保持着相对一致。

按照物理学的发展阶段划分，有关学者将 2017 版物理课程标准对物理学史的内容要求分为了古代物理学部分、经典物理学部分以及近代物理学部分。在古代物理学部分中，课标要求了解亚里士多德关于力与运动的主要观点和研究方法。这与 2003 版物理课程标准要求基本一致，而且在部分学者参考的文献中有关亚里士多德的内容也颇为丰富，充分体现了物理课程标准的要求。

在经典物理学的力学部分，2017 版物理课程标准着重要求了通过物理学史，使学生了解万有引力的发现过程，并知道万有引力定律，最后认识发现万有引力定律的重要意义。这一部分与 2003 版物理课程标准也基本保持了一致。而在相关文献中，有关万有引力定律方面的教学设计和案例也十分丰富，体现了物理课程标准的要求。

在经典物理学的电磁学部分，两版物理课程标准中对库仑定律、电流磁效应以及电磁感应的发现等要求依然保持着总体一致，但有关库仑定律的发现过程在一些学者参考的相关文献中体现并不是很充分；两版物理课程标准中有关热学的要求保持了一致，但在这些学者参考的相关文献中没有这一部分的相关教学案例和设计；有关光学部分，两版物理课程标准没有明确的文字要求，关于这一部分的教学设计和案例也微乎其微。

在近代物理学方面，两版物理课程标准的要求也基本一致，但在这类学者参考的相关文献中体现的却不甚丰富，有待进一步改进。

综上，通过分析对比两版物理课程标准，可知两版物理课程在物理学史的内容要求上保持了一致。在内容上有待进一步改进的有光学、热学以及近代物理学部分。

（二）教学过程融合物理学史的原则

通过对相关文献中的教学设计和案例的统计，再对照人教版高中物理教材，我们可以发现：首先，研究者们选作教学设计和案例的内容，很多都是可以在整个教学过程中引入物理学史的。若我们打破这种的常规思维，将教学过程拆分成若干个环节，在某些适合的环节引入恰当的物理学史，那么将会有更多的教学内容可以融入物理学史；其次，研究者们往往被教材所局限，无法挖掘更多的物理学史并灵活运用，这样就不能充分发挥物理学史的作用。综上，有关学者总结了以下几个在中学物理教学过程中融入物理学史的原则。

1. 真实性原则

①本着尊重历史的原则，在教学中所选用的史实应该保证是真实发生过的，若并未真实发生过，或未得到证实的应该予以说明。如伽利略的比萨斜塔实验，这一实验的真实性还有待进一步的考证，但我们可以用另一完全一样的实验予以代替。在伽利略之前的荷兰力学家西蒙·斯台文做过将不同质量的铅球下落的实验，并通过这个实验推翻了亚里士多德的观点。另外牛顿被下落苹果砸到，受此启发发现万有引力定律这一为人津津乐道的历史也有待进一步考证。

②选用史实的真实性不仅表现在确有其事，还应该能展现历史的全面性。教师在进行教学时，对物理学家的介绍往往会充满溢美之词，这样会拉大学生与物理学家之间距离，使学生认为成为一名物理学家是遥不可及的事情。所以我们对物理学家的介绍应该更加贴近生活，这样可以拉近学生与他们的距离，更有助于学生以物理学家为榜样，向其靠近。如约翰尼斯·开普勒发现了著名的开普勒三定律，为此被称为“天空立法者”，但其晚年却是死在讨要薪水的路上。德国哲学家伊曼努尔·康德说：“开普勒就是被德国活活饿死的。”若我们能将这样的历史展现给学生，一定程度可激发其人文情怀。

2. 丰富性原则

从物理学史出发，在学史中挖掘与教学相关的内容，而不是从教材出发，寻找与教学相关的学史。这样可避免所挖掘的物理学史局限于教材中的内容，以至于不能充分发挥物理学史作用。比如在物理学史中记录了欧姆发现欧姆定律的过程，这一过程完全可以通过整合用于为闭合电路的欧姆定律的教学，虽然这一内容在教材中并没有提及。

3. 灵活性原则

一些物理学的史实可能是为了说明某个概念、规律或实验提出的，但在教学过程中通过合理地整合，运用到别的章节，能起到他山之石，可以攻玉的效果。还有一些物理知识教材中虽然没有介绍其发现的过程，但如果其发现过程有助于学生对该知识的理解，也可以加以介绍。如早期很多欧洲科学家都对电学有过探索，这段历史虽然教材没有详细介绍，但是可用于电学的教学。伽利略做斜面小球实验虽然主要是为了阐述他对惯性的理解，但这个实验可用于机械能守恒的教学。

4. 趣味性原则

①物理学的发展过程中有很多有趣的历史，这些历史可在导入新课环节用以激发学生认知内驱力，如伽伐尼发现电流的过程。

②对于有些史实，可以引起学生的认知冲突，进而激发学生的探究兴趣，也可在教学中应用，如伽利略的有关大石头小石头的悖论。

5. 发展性原则

①所选用的学史内容应有利于学生深刻理解所学的概念，有助于学生了解某一规律发现的来龙去脉，并从其中体会科学方法和科学思维。如库仑定律并不是库仑独立发现的，而是经过了很多科学家的奠基工作。向学生介绍这一发现过程不仅可以使其充分了解库仑定律发现的过程，而且能让学生体会其中的科学方法和思维。

②在物理学史中，物理学家们为探究某一规律所设计的实验也是非常精巧的，应将实验设计的精髓展现在学生面前，并鼓励学生进行模仿。这样不仅能使学生感受到物理学的魅力，还能一定程度提高其创造力。如欧姆在探究欧姆定律时，为了能够测定电路中电流的大小，将小磁针和扭秤巧妙地结合在一起，设计出了电流扭力天平，将难以测量的电学量转化为了力学量。这样的转化思想不仅需要有扎实的知识基础，还需要灵活运用知识的能力。

6. 思想性原则

在物理学史中有很多伟大的物理学家，他们的伟大不仅体现在其对物理学的贡献上，也体现在其做人的品质上。在教学过程中应向学生介绍相关内容，潜移默化地提高学生的思想品质。如法拉第一生安于贫穷，在科学研究中体现出了坚韧不拔的精神，最终使他赢得了人们的敬仰。

（三）中学物理教学过程融合物理学史的具体案例分析

这里主要以库仑定律教学案例片段为例。具体内容如下。

1. 引入新课

师：上节课我们已经定性的认识到了电荷之间的相互作用，即同种电荷相互排斥，异种电荷相互吸引。其实这一规律很早就被人们认识到了。随着人们对电的进一步研究，1765 年爱皮努斯发现了一个重要的现象，当两个电荷之间的距离缩短时，它们之间的吸引力或排斥力便会增加，这初步的表明电荷之间的作用力的大小与电荷之间的距离有关，但遗憾的是他没有继续量化地研究两个电荷之间的作用力大小与二者距离的关系。

1766 年，富兰克林发现将带电的软木球放于带电的金属杯中，软木球完全不受金属杯的电性的影响，也就是说它不会因为电力而发生偏转。他将这一发现写信告知了他在德国的朋友普利斯特利。终于在 1766 年 12 月 21 日，普利斯特利从一系列实验中证明了，当中空的金属容器带电时，除了靠近开口的地方，金属的内表面没有任何电荷，在内部也没有任何电力。由于当时普利斯特利已经得知假若地球是一个空心球壳，则置于其中的物体受到一侧的引力将不会大于另一侧引力，也就是说球壳对物体引力的合力为零。于是普利斯特利提出了一个卓越的猜测，电引力是否遵循与万有引力相同的规律，即与距离的平方成反比。

普里斯特利运用他发散的思维做了富有卓越性的一个类比，提出了一个大胆的猜想。从中我们可以看出，类比的思想在物理学的发展中极为重要，物理学家们从已知领域向未知领域进行探索的过程中，经常是运用类比这一手段进行的。我们以后即将要学到的磁力其实也是需要类比电力的。而且在我们之前的学习当中，也曾经运用过类比的思想，同学们是否可以回忆一下？

生：在探究万有引力的规律时，牛顿认识到由于太阳对行星的引力使得行星围绕太阳做圆周运动，而且他还得到太阳与行星之间的引力满足 $F \propto \frac{Mm}{r^2}$。于是牛顿进一步猜想，月球也围绕地球做圆周运动，月球围绕地球做圆周运动的力是否满足上述的关系。最终，通过月地检验，牛顿确认地球对地面上的物体的引力以及对月球的引力满足同一种关系，即平方反比的关系。在得到这个结论的过程中，牛顿运用了类比的思想。

师：非常好，牛顿正是运用类比这一思想才将太阳与行星之间的引力推广到地球，进而推广到一切具有质量的物体，最终提出了万有引力定律。其实科学家们在探索原子结构模型时，也用到了类比的思想。既然行星能够在万有引力的作用下围绕太阳做圆周运动，那么在原子中，存在带负电的电子和带正电的原子核，是否电子也可以在原子核的吸引下做圆周运动呢？这一猜想对科学家们进一步研究原子结构起到了指引作用。类比总是可以指引我们从熟悉的领域向陌生的领域摸索，所以类比对于科学研究是非常重要的。

那么关于电力满足的关系，后续的工作也就水到渠成了。在这之后，1769年英国爱丁堡大学的约翰·罗宾森用直接的实验推测了反平方关系，他确认了同种电荷的排斥力反比于电荷间距的2.06次幂；异种电荷的吸引力反比于电荷间距的小于2次幂。由此他推断正确的关系应该反比于距离的2次幂。在此值得注意的是，富兰克林、普里斯特利以及罗宾森的工作把电学的研究推向了精确科学的阶段，由此开始了近代电磁理论的研究。在这之前人们大多是进行定性的研究，没有主动运用数学手段研究电力。

2. 新课教学——库仑定律

1777年亨利·卡文迪许向英国皇家学会提出报告，称电的吸引力和排斥力很可能反比于电荷间距离的平方，并且通过实验验证了 $F=k\frac{1}{r^n}$，其中 $n=2\pm\frac{1}{50}$。最后 $F=k\frac{1}{r^2}$ 这一关系由库仑得到。库仑在前人的工作基础上通过精密的实验确认，真空中两个静止的点电荷之间的相互作用力，与它们电荷量的乘积成正比，与它们的距离二次方成反比，作用力的方向在它们的连线上。这个规律就叫作库仑定律。电荷间的这种作用力叫作静电力。

在此我们提出一个问题，同学们认为库仑定律的建立过程中，哪个环节最令你印象深刻，为什么？

生$_1$：我认为提出电力符合平方反比关系的假设最令我印象深刻，因为有了这一假设才使得后来的研究具有了明确的方向。

生$_2$：能设计出精密的实验验证这一规律也是十分可贵的。在这个过程中必定会遇到很多不确定的问题，解决这些问题也是需要创造性和坚定的毅力。

师：同学们回答的都很好，一个定律的发现往往要经过一步又一步的发展，最终才能得到确切的定律内容。在这个过程中提出一个具有本质性的假设是非常重要的。有时候提出一个问题往往比解决一个问题显得更为重要。而且想要提出有意义的问题或假设，这不仅需要坚实的知识基础，而且要进行大胆的联想和类比。在验证假设的过程中又需要富有解决问题的能力，并且要有耐心。那么库仑在验证电力关系的时候是通过怎样的实验最终得到库仑定律的呢？让我们来继续学习库仑的扭秤实验。

设计意图：在传统的库仑定律教学中，教师往往是通过实验定性得到电力与电荷之间距离存在一定的关系，接着就会提出库仑定律。但在历史上并不是库仑发现的库仑定律，库仑做得更多的工作是验证了库仑定律的正确性。在科学研究中，往往一个假设或问题的提出比验证这一假设或解决这一问题显得更为重要。所以一些教师在设计教学时尽可能地复原了电力关系发展的历史。在这个过程中使学生认识到提出问题的重要性。有关学者还向学生强调了普里斯特利是运用类比的方法得到了电力关系的猜想。因为类比的思想在科学研究中运用广泛，而且学生在学习物理时也需要这样的思维。最后，学生之前已经学过万有引力定律，将万有引力定律和库仑定律结合在一起，万有引力定律可以起到先行组织者的作用。通过类比两个定律，学生可以对比分析库仑定律与万有引力定律的异同，从而有助于其对万有引力的进一步理解以及库仑定律的学习。

第二节　中学物理教学的原则

一、多元性原则

由于科学探究模式多变，知识形成的方式也不单一，进而教学方式应该向多元化发展，而不能局限于单一教学中。其过程和方法、情感态度和价值观的目标的制定也应该是由教学设计思路来确定的。针对不同层次和水平的教学对象，在不同的资源和环境条件下，多元化教学设计为教师提供了更有利于其决策的可选择的方案。如课题引入的多元化、探究过程的多元化、解题方法的多元化、评价内容的多元化等。

二、鼓励式原则

教学中，教师应鼓励学生进行学习并且回答问题，对于所提问的问题每个学生都有自己的见解，与正确答案多多少少有些许出入。因此，对于学生回答正确的部分，教师要给予肯定，对于错误的部分，教师要有针对性地进行分析，主动与学生探讨引起这一错误的原因。通过鼓励式的教学方法，让学生在老师的肯定和赞许下进行学习，培养学生回答问题的勇气和积极探索问题真相的能力。

三、建构原则

建构原则包括课堂结构的建构和课堂内容的建构，物理课堂结构的建构，与其他学科的方式有所不同，在课堂上，让学生对知识有一定的认知，要重视课堂教学方法，教学方式要多种多样，切忌一成不变。

教学的内容要化难为易，深入浅出，讲授中循序渐进，一边讲授知识，一边通过活动与实验来辅助，从而能够让每一堂物理课都能够生机勃勃，充满着学习的乐趣。

让每个知识点相互联系起来，以此减少学生的困惑。一边讲课本知识，一边通过实验，让学生感觉到物理知识和生活的息息相关，学生明白了物理的重要性和在生活中的应用方法，学习起来才能够学得主动、学的明了。

四、“求同存异”原则

课堂教学方法会影响课堂教学的成败。良好的教学方法可以激发学生的学习兴趣，提高学习效率，并具有良好的教学效果。在中学物理实验教学中，经常采用“求同存异”的教学方法和原则。“求同存异”中的“求同”一词是探索共同点的意思，“存异”一词是保留、优化的意思，即在中学物理实验教学中寻求教学方法时，既承认教学原则的共性，又保留了其中的差异。“寻求共同点，同时保留差异”的本质也是一种学习和思考的方式。在中学物理教学中，求同存异的原则可以帮助学生更细致地理解和掌握知识点，加深知识记忆，提高学生在物理实验中的实践能力。

（一）在运用求同存异原则时应注意的问题

1. 符合学生发展实际

在求同存异的方法中，教师需要“熟悉他人”，即学生和“学习局部材料”——实验器材。在熟悉学生和教材之后，结合两者实际情况，教师再完成求同存异法的备课。注意教师不要寻找学生从未见过或听说过的物理实验现象，更不要说那些复杂、令人费解的无关知识。

2. 掌握重难点

求同存异的目的是更好地理解要解释的事情，尽可能地防止学生花太多时间去掌握其他无关紧要的理论知识。同时，面对大量的重难点知识，教师要尽可能地运用“求同存异”，通过对重难点问题的整理和分析，尽可能地将相关联或相近、相同的重难点知识整理，让学生在中学物理实验教学中探索知识共性，方便问题解决，同时认清问题的不同，逐个击破。

3. 选材合理

中学物理实验教学中求同存异的方法应用非常广泛，但不是每个中学物理实验都有求同存异的两个方面。只有满足求同存异要求才能确定求同存异法在物理教学中的应用。一般来说，求同存异法的应用一般要满足以下基本条件：同一种类的不同物理实验现象，不同种类的物理实验现象的相同规律，以及具有相同或相反本质特征的科学现象和规律。

4. 方法多样化

虽然在保留差异的同时寻求共同点的方法很多，但求同存异的两个方面却是相互关联的、交叉的，并发挥着多方面的作用。在中学物理实验教学中，我们可以根据物理知识、实验知识的特点和实验需要灵活运用求同存异。

通过实验，我们可以知道物理定律一直是基于实验和观察，并经过了反复思考和总结。作为一名中学物理教师，应该不断探索新的教学方法，以实现中学物理教学的目标。简而言之，“求同存异”是确定物质与差异之间关系的基本原则，它在培养学生认知世界的多样性和一致性方面发挥着重要作用。同时，在物理实验的比较研究中，培养和提高了中学生的思维能力和实践能力。

（二）求同存异教学原则在物理教学中的运用

第一，不相同的物理实验器材，相同的实验目的。在中学物理中，为了得到更为准确的实验数据结果，物理教师经常组织学生进行不同的物理实验。例如，在研究“大气压力”的过程中，为了证明大气压的存在，教师通常会指导学生使用拔罐实验、吸管实验、吸盘实验等，而这些实验学生在小学科学课上也做过，实验难度不大，但很容易使学生失去兴趣。因此，为了获得更多相似或相同的结果，老师可以指导学生积极创新物理实验方法。

例如，教师可以用其他简易设备制作一个“小魔法”，用细针把一整瓶未开启的矿泉水戳几个洞，并要求学生观察：不把瓶盖打开，矿泉水在瓶子里能从针孔流出吗？如果矿泉水的瓶盖打开，水会流出小孔吗？这种充满乐趣并与日常生活息息相关的实验，让学生对所学知识充满好奇，并渴望了解实验运用原理。

再举一个例子，当教师利用海德堡半球实验的理论知识解释具有强大气压的知识点时，学生只能对大气压力的知识点有抽象印象。但是，如果在物理课上，老师使用注射器来演示实验，学生将更多地关注实验过程并记住实验结果。

在实验中，老师用手指挡住了针孔的末端，让学生拿起注射器的活塞往下推，他觉得特别费力。通过这种方式，学生将体验到大气压的力量，他们将感受到大自然的神秘感，体验到学习的兴趣。

再如，在探究平面镜成像的物理实验中，为了找出平面镜成像的特点，准备了不同大小、长度不一的蜡烛、玻璃支架、白纸、三角板，一块平面玻璃（平面镜）和一把直尺。在实验中，同样运用光的原理，出来的实验结果是一样的，即：平面镜成像的大小与物体的大小相等，像到平面镜的距离与物体到平面镜的距离也相等。

第二，相同的物理实验器材、实验原理，不同的实验结果。求同存异教学原则在中学物理实验教学中的运用也体现在：实验中使用相同的物理实验器材，却有不同的实验结果。

例如，在探究凸透镜成像的特点时，运用同样的实验仪器：光具座、标明焦点的凸透镜、蜡烛、废物缸、火柴、光屏，在两次实验中都运用凸透镜成像的原理。第一次，在透镜、光屏、蜡烛的中心处于同一高度时，将实验道具移动至两倍焦距以外，同时不断调整距离，直到清晰的物体倒立、缩小的影子出现为止。第二次实验，则是把实验道具移动到两倍焦距以内，注意距离也不可以低于一倍焦距。同样的方法调整物体在限制焦距内移动，最后出现倒立的、放大的实像出现。同样的原理、同样的教学器材在凸透镜成像实验中有不同的实验现象和实验结果，就体现了“求同存异”教学原则在中学物理实验课上的运用。

再如，在测量平均速度的物理实验中，运用同样的实验仪器和器材，有秒表、小车、长条木板、木块、弹簧片、刻度尺，运用一样的实验原理：速度 = 路程 / 时间（$v=S/t$），但实验结果却相差很大。在实验中，用木块和木板组合成可以灵活调整角度的斜面，用秒表记录小车在不同长度的轨道上滑下的时间，通过运用公式计算可以算出小车滑动的速度不同。

第三节　中学物理课堂教学评价

一、中学物理课堂教学评价的理论综述

（一）中学物理课堂教学评价简介

在当今的中学物理课堂，过多地关注学生学习能力的培养，很少关注学生自身的发展，这与我们物理教育的评价体系息息相关。教育的责任在于促进学生学习能力的提高与人格的成长，满足社会与学生自身发展的需要。物理教育不仅仅是教会学生知识，还要培养学生的科学素养，为社会主义的现代化建设培养栋梁之材。

近年来，教育改革的呼声越来越高，社会对基础教育的“功利化”“唯升学率”等问题争议也越来越大，素质教育应运而生。全面开展素质化教育是中学教育绕不开的话题，以素质教育的综合发展指标为依据对中学教育质量进行力求准确、科学的评价，是所有教育工作者追求的目标。对此，可以先从教育的评价入手，这样看这个问题似乎就简单多了。

素质教育的一个重要板块就是激励性教育，进行激励性教育的有效途径就是课堂评价。评价是构成课程教学的一个有机环节，也是让学生明确在群体中所处位置，并在现有基础上切实谋求发展的有效教育手段。课堂评价能让老师关注学生学会的学习策略，给学生搭建展示自己所知所能的平台。因此，应该通过课堂评价让学生感受语言魅力，提升中学物理课堂效率。

同样意思的一段话，从善于表达者的口中说出，声声入耳；从不善表达者的口中说出，词不达意。可见，语言这门艺术之于教师的重要性不言而喻。掌握语言艺术，落实教学评价，可以实现中学物理课堂教学效益的最大化。

（二）中学物理课堂教学评价的分类

在这里可以主要了解一下国外对教育评价的分类，具体如下。

①以社会需要为价值的教育评价。这一评价模式是从既定教育目标出发，对学生的学习效果进行评定。

②以社会效用为价值取向的教育评价。

③多元论评价模式。这类评价模式重视所有参与评价人的观点和看法，强调在评价中应反映参与评价的各种人的价值观念，认为评价应为参与评价的所有人服务。

随着教育评价理论的发展，评价的内容越来越丰富，也越来越完善。评价手段也从单一化到多样化。

（三）中学物理课堂教学评价的特点

中学物理课堂教学评价的一个重要特点就是多元化。有关学者在物理教学中深入挖掘教育评价的多元化，能让每个学生更好地融入课堂教学中。既注重对学生知识和能力的培养，更注重学生情感和价值观的养成。教育评价的多元化以学生的全面发展为本，注重学生的个性差异，因材施教；注重学生的身心发展；关注学生的成长过程；学生的全面发展作为多元化评价的追求目标。根据中学物理课堂的实际情况，可以对中学物理教育的多元化评价做一下探索。

1. 充分调动学生的主动性

在一些学生眼中物理课堂无疑是枯燥乏味的，怎样使学生对物理课堂感兴趣，充分调动学生的主观能动性，是每一个物理老师棘手的问题。我们不妨这样去试试，比如可以编制课堂的反馈表，将本节课的主要知识点罗列在反馈表上，让学生自己设计一个本节课的评价方法，填写在反馈表的建议栏中。让学生自己说出自己要怎样评价自己在本节课上的表现及学习的效果。这样能发掘学生的潜能，让学生参与制定评价方法的全过程，让学生从一个被评价者变成一个参与制定评价方法的角色，充分听取学生对评价方法的建议，师生共同协商评价方法，学生就变成了一个积极主动的评价者，充分调动了每个学生的积极性和能动性，评价的过程也会有明显的不同。

2. 评价方式的多样化

对于物理课堂的实际情况，有学者制定了以下的评价方法：大胆地降低试卷分数在学生评价体系所占的比例基数，加入了学生的平时作业的评定等级和课堂表现相结合的综合评价方法。这样可以使学生更注重自己的学习过程，而不是舍本逐末。学习结果固然重要，但是良好的学习习惯的养成，一丝不苟的实验探索，团队的默契配合才是课堂教学着重发掘的亮点。

在制定综合评价方法的同时，还可以施行学生互评、家长综评、老师点评三者有机结合的课外评价方法。学生互评能有效地增强学生的凝聚力，加强团队协作。家长的综述评价也是对学生的一种人文关怀。老师的点评更多的是点出学生的亮点激励学生的学习，增强学生的自信心。

3. 评价内容的丰富化

过去由于评价内容过于单一，束缚了学生的发展。过分偏重书本知识，忽视对学生情感、态度和价值观的评价，忽视对学生知识学习过程与方法的评价。根据物理课实验性的特点，可以将实验探索纳入学生的评价体系。课堂上鼓励学生多思考，提出自己设计的一些实验探索方案，然后再讨论具体实施中会遇到的问题。最后让学生设计出具体可实施的方案。在实验课堂上不是老师的"一言堂"，每个学生都有提出改进实验方案的权利，根据学生在实验课堂上的表现，给出相应的鼓励性评价。此外，还可以设计"我来说一说"的环节，给每个同学发言的机会，这样评价会更全面。

4. 评价主体的多样化

过去评价学生多以"他评"为主，这样评价的主体就显得过于单一了，相关的教育工作者更应看重学生的"自我评价"，将"他评"与"自我评价"相结合。这样可以调动学生的积极性。在作业上可以设计"自我评价"一栏，让学生能主观地评价自己的学习成果。

5. 评价过程的开放化

以前评价学生往往过于封闭，教师的权力过于绝对，没有一个开放的评价过程，往往给学生留下不公平不公正的印象。针对此类问题，可以采取一些措施，即将评价过程向家长公开，对社会公示，让家长参与到评价体系当中来。

总之，中学物理课堂评价的多元化不会停留在表面化的知识技能方面，更会深入学生在课堂学习的方方面面。总的来说，多元化评价是当今教育评价的发展趋势，教师们完全可以做到尊重学生差异，关注学生的成长过程，注重学生的全面发展，为素质教育的蓬勃发展添砖加瓦。

（四）中学物理课堂教学评价的重要意义

1. 教学评价是学生发展的动力

学生的课堂学习并不仅仅是习得知识、获得技能，而是要求学生在课堂中、在与教师、教材之间的交互过程中不断进步，从而在掌握知识技能的同时体会到学习的乐趣。若是沿用学生听教师讲，学生拿着教材学这种传统的学习模式是无法真正实现学生的课堂学习的。

教师必须在学生的学习过程中起引领作用，针对学生的各种表现及时进行评价，让学生感受到自己在这一课堂中取得的学习成果。教师的课堂评价不仅能成为学生继续学习的动力，还对学生的身心发展起到促进作用。一句不露痕迹的赞美，可能让这个学生学习起来动力十足；一句无意识的讽刺打压，可能会断送一个学生的学习生涯。

2. 教学评价是提升教师素质的催化剂

教师的课堂教学评价不仅对学生的学习具有重要意义，对提升教师素质也具有促进作用。教师在正确地评价学生时，不仅仅要针对学生的学业成绩进行评价，还要关注学生对学习的情感态度及学生的自身价值并对此进行评价，才能体现教学评价的有效性。实现这评价的有效性就需要教师不断进行自我认识、自我完善，构建更加科学合理的专业素质结构。

二、中学物理课堂教学评价存在的问题

结合当前的中学物理教育，可以发现现行的评价体系存在不少的问题。与素质教育提出促进学生全面发展的要求渐行渐远，导致更多学生获得失败的体验，成为制约学生全面发展的瓶颈。

首先，学生和家长的观念还停留在学习是选拔精英的意识上，觉得学习就是为了考上大学，为了继续深造，获得更高的社会地位。这样就使学生对自己的学习效果的期待发生根本变化，导致片面追求升学率，忽视了学生的身心发展。

其次，学生评价的标准单一。这使得学生同质化严重，缺少个性。学生评价的方法唯一，片面强调定量评价方法，过度依赖纸笔测验。

最后，学生评价过程过于封闭。封闭式的教育评价导致不公平，同时参与面也更窄。

三、中学物理课堂教学评价的建议策略

针对中学教育评价出现的问题，可以提出一些有效策略以完善中学物理教学评价的方法和内容。具体内容如下。

（一）多方位进行评价

以考试范围确定教学内容，导致传统的课堂评价只注重对学生知识与技能的评价，而忽略了新课程标准中提出的关于学习知识与技能、学习过程与方法、情感态度与价值观这三个方面的评价。中学物理课堂落实有效评价就要从这三个方面入手，全方位地对全班学生进行评价。

对知识与技能的评价比较容易掌握，教师可以依据学生对物理概念的理解和阐述进行正面评价，也可以针对学生在物理实验课中对试验活动的记录、报告等进行正面评价。

对过程与方法的评价不能只着眼于探究活动中的某一个目标进行，而是要随着探究活动的深入而深入评价，在完成一个阶段的学习之后要进行评价，在这样的基础之上实现对整个探究活动的评价。如在教学《熔化和凝固》一节时，精心设计相应的学案，将全班学生分成小组，引导小组成员对固体的熔化与凝固进行探究性实验，实验的过程主要分为预设实验结果、设计并进行实验、分析实验结果并交流这几个环节。在进行实验的过程中，每个小组的成员都有具体的分工：控制实验所用仪器，根据固体的形态报告当时的温度和时间，记录固体在不同温度下的不同形态，根据记录描绘不同的固体熔化和凝固的时间折线图。那么小组成员之间的合作就是一个评价的内容；实验仪器的安装以及使用数据的收集整理是一个评价的内容；各个小组之间针对熔化和凝固的折线图不同而讨论和交流也是一个评价的内容。这些评价有实实在在的内容作为依托，让学生能从老师的评价中获得认可，切实明白自己做得好的地方，也能认识到自己还存在的不足之处并加以修正。

对情感态度与价值观的评价要始终贯穿于中学物理教学的全过程，通过学生在中学物理活动中的体验和关注程度来实现对这一目标的评价。在中学物理教材中，有很多内容都能激起学生对自然、对科学的热爱，教师可以根据不同的内容引导学生从物理课堂走向自然，走向科学。

例如在《噪声的危害和控制》一节中，引导学生通过课本内容的学习谈谈生活中控制噪声的有效策略，让学生保护自然环境的同时对学生的情感态度进行评价。在《物体的浮沉条件与应用》中引导学生大胆想象能否通过人穿的衣物改变身体的浮沉条件，有效避免溺水情况的发生，引发学生激烈地讨论。针对学生的讨论情况进行价值观评价，促进学生形成科学的价值观。

（二）将风趣融入课堂

中学物理教师的课堂评价还应该渗透一些幽默，让枯燥的物理课堂灵动起来。教师在课堂中展现的幽默源于渊博的知识，所以教师除了有扎实的学科知识外，还需多涉猎各类书籍，以获取各种知识。如此便可在课堂对学生进行评价时游刃有余，在繁杂的计算中夹杂些柔情的诗词，在实验现象中渗透些优美的句式，使学生兴趣高涨。在进行物理知识点归纳时可以利用顺口溜帮助学生记忆，与此同时提升学生的学习兴趣。

例如关于熔化和凝固的内容，可以用“晶体熔化和凝固，吸热放热温不变；液体沸腾要吸热，升至沸点温不变。”这样一句顺口溜帮助学生有效区分固体熔化与液体沸腾时温度的变化。在对学生进行评价时也不要千篇一律地用“真棒”“很不错”等词语，试着用上“你的想法与老师的不谋而合”“你考虑到了老师没有考虑到的方面，真是三人行，必有我师呀！”等等这些语言，让学生能感受到老师在评价中的真情实感。

物理课要对学生进行多方位的有效评价，就是只要不断地历练，努力提高自身的综合素质，殚精竭虑，定会有精进顺遂之日。

第三章　中学物理课堂教学的基础准备

在中学教育阶段，课堂教学质量的推进影响着教育质量的提升和教学效果的改善。从理论应用方面来说，为了改善当前课堂效果，应积极做好相应的教学准备，进行合理的物理学科教学设计。本章分为学情分析、研读教科书、学期教学计划、中学物理教学设计四部分。主要内容包括学情分析相关问题的起源、中学教科书简介和教科书的架构设计、学期教学计划的意义和主要内容、中学物理教学设计的概述和理论依据等方面。

第一节　学情分析

一、学情分析相关问题的起源

学情分析是物理教学的主要内容，也是教学方法得以应用的出发点及立足点。缺乏合理学情分析的物理教学毫无意义，像是老师在自我陶醉的表演，不以学生知识结构为出发点的教学存在严重的问题，在这样的课堂当中，所有的授课、实践以及师生互动都无法真正实现。但是，现如今的物理教学过程中，尽管一些教师存在学情分析的想法，了解其价值，但鲜有人会对其落实。有关学者研究了部分中学的情况，且联系自身实践经验，概括了导致这些问题出现的根源，具体如下。

①大环境造成的障碍。当前应试体系的矛盾依旧突出，老师为实现教学目标，确保优异的成绩，通常凭借自身经验或试题测试对学生的学习状况进行相应了解，一味注重学生的分数，却忽略了其真实的学情，导致教学不能满足学生素质培养的需求。

②教师缺乏教育理论基础和对工作的热忱。以往的教学过程中，教师们均

会做些课前工作，但大部分人在教学过程中依旧只重视方法及书本，再结合学生的综合实力细微调整，缺乏实质性内容。

再者教师的教育基础不扎实，学情分析方案是借助个人经验及他人教学计划完成的，缺乏主动开展学情分析的想法，灌输给学生的也仅仅是书本知识及以往的经验。这和大多数师范学校的人才培养模式相关，大多师范生在学习时期，只获得了理论方面的学习，没有条件进行对其有帮助的实践，使得他们的教育思想脱离实践，工作后，这方面的培训机会不多，最终使得他们由于理论知识不能与实践相结合，在教学时无法进行合理的学情分析。

③一些学生刚进入中学校园，难以转化角色。通过走访调查，有关学者得知，一些学生在刚入学时，均想将其最好的一面展示给同学及老师。所以，他们往往会努力呈现出自己的长处以掩饰不足，这会使老师无法获得真正的学情，针对性教学存在很大的困难。

二、学情分析的相关研究状况

（一）国外相关研究现状

国外专家十分关注“学情分析”，不同地区的专家对此问题的研究各有特色，这里将主要对美德两国专家此方面的研究情况展开讨论。

1. 美国学情分析的研究现状

美国专家此方面的研究结论在《系统化教学设计》中有具体介绍，书中提到了学情分析的内容：教学策划者不但要知道教学内容，而且应掌握学生特点、传递教学和技能的运用条件；斯考隆（Janice Skowron）编写的一本有关教师备课的书中，呈现了教师教学实践的影响因素，书中明确提到一套合理的教学系统不但应涵盖教师的专业理论，而且应涵盖学生的知识以及他们对所学知识的掌握程度、学习动力及资源等方面的内容。此外，在实际探索学情分析的研究情况时得知，国外专家对学生的认知分析重点围绕其年龄、能力、学习方式及兴致等。

2. 德国学情分析的研究现状

我国杜惠洁在其经典著作《德国教育设计研究》中，对学情分析研究情况进行了总结。她的主要观点是教学应当存在相应的前提，这些前提可以直接影响教学过程及效果，学情分析是教学的关键组成成分，其影响因素有受教育者的心理因素、自然因素及人文因素。

对国外有关著作展开了详细研究，结果发现：当前国外专家对学情分析未能达成一致观点，然而如果从其作用方面出发，很容易得出结论，这些观点的共同理念是：对学生产生充分认识，知晓他们的基本信息，针对性地开展教学，增强其整体实力。能够发现，国外教学更加侧重学生的体验和学情分析过程。

全面研究国外文献杂志后得知，国外更加重视学情，专家们在研究阶段确立了有关理念及内涵，强调了其关键作用。然而他们未对我国学生展开研究，对物理课程中怎样开展恰当的学情分析也没能提供相应的指导意见。

（二）国内相关研究现状

从中国知网中检索了学情、学习需要及需求、学生需要及需求、学生心理特征等关键词，搜到多篇文献。而且确立了文献筛选的几大要求：优先选择核心期刊、优先选择有确切概念的文献、优先选择和本研究内容相一致的文献等。并得到了相应的结论，即国内学情分析主要围绕以下几部分内容。

1. 学情分析的内涵与内容

专家们对这一理论都有各自的认识，导致此方面的研究变得十分复杂。在这里总结了国内大多数专家此方面的研究结论。

丁凯指出学情分析涵盖：学习起点及学生潜在两方面的现状分析，前者涉及基本认知、已获得能力、态度与习惯、思维等内容，后者包括可能的情况及演变。丁凯对案例进行了相应说明，然而案例分析却只停留在理论层面。

何雪玲指出分析过程中先要重点关注学生的初始水平，她认为学习存在可能及实际这两大起点。她的著作《新课程理念下中学化学教学学情分析现状调查及策略研究》中还涉及一系列的调研，例如怎样得到学情方面的案例，怎样形成好的学习态度。

此外，阅历丰富的教师们往往对学情分析存在特殊的认识。浙江省一位已教学数年的教师马文杰指出，学情分析涉及多方面的内容，必须充分重视学生并做到以下四点。

第一，弄清他们的学习基础，确立讲课起点，进而合理的衔接。

第二，弄清本班同学学习能力，进而量体裁衣，针对性指导。

第三，弄清他们的学习态度，估测到其可能出现的状况，在讲课时有效的做出分析。

第四，弄清他们各科目学习方法的掌握程度。

高慎英等结合实际对学情做了分类，其主要观点是应当在班级、学习计划及教学方法变动时分析相应的学情内容。

黎加厚的想法更加前卫，指出不但要确立一个贯彻上课前后的发展变化的学情分析体系，而且指出教学计划的执行及改进受学情影响而非特定教学任务的指引及促进，因此，应当由学情指引教学。

耿岁民对学期、科目及上课前后的学情进行了研究总结，让其分类更加明确且实用性更强。此外他也对学情各组成部分进行了相对系统的总结归类。专家们对其概念的定义各有特色，但总结后大致分为概括式、举例式等。

2. 学情分析的方法

概括来讲，学情分析的方法包括量表、谈话、观测、文献分析、问卷等，利用这些方法搜集学生学习方面的有关数据并展开讨论，进而给教师们的教学计划的执行带来有价值的建议。在阅读有关著作后，有关学者获得了常用的一些分析法，包括经验及资料分析法、观测法、调查访谈法。

3. 教学活动中学情分析存在问题

耿文强等在《地理学情分析的有效策略》中谈到了地理学情分析过程中出现的问题，且提供了相应的改进方法。

王莉在《基于学情分析的中学数学教学设计》中探讨了350多名教师学情分析的应用状况。得出的结论主要分为两种：一种是老师觉得其和教学基本上没有联系，对其关注度不够；另一种结论认为分析方法存在缺陷，单一且过于形式化。

许书明强调进行语文教学设计时应开展学情分析，以达到因材施教的教学目的。

物理科目此方面的研究结论很少，李黄川认为给学生学习带来阻碍的关键因素是学情分析的不合理及片面性。而陈智敏明确了中学学情分析的一些方式及作用。

三、学情分析的主要理论基础

（一）建构主义

这一理论指出世界是客观就有的，然而每个人对世界会产生各自独特的认识。结合经验构建并解释实际现象，会使得我们对世界的理解产生偏差。这一理论还指出，学习本质上是学生建立自身知识体系的一个环节，并不是学生在老师强迫下机械地进行学习进而得到知识。学习阶段的建构涉及两大内容：其一，对外部新东西的建构；其二，对自己原本经验的改进及优化组合。建构主义者更关注第二种建构，这是由于他们更看重经验的关键作用。指出在学习过程中应当存在经验支持，以便面临新场景时可以利用已得经验制定有关图样。

由于学生所有科目的学习及掌握并非单独完成的，在学习新内容前都会存在经验，包括前概念等。学习者必然会联系先前经验认识并建立新概念。这也提示我们，学习是积极的并非被动的，是获得信息的环节，学习者会结合自身经验，处理并完善新知识，进而扩充其已有经验。在此环节，新经验被纳入进来，学习者原本知识会随之发生改变并获得补充。

这一理论的指导思想是学生为主体。在学生知识体系形成过程中，其原来的经验（如理论知识、学习动力、风格及态度等）对确立新知识，了解新情况、新数据、新物体带来了一定的理论支持。任何学生都有自己的内在，在日常的生活当中，他们已慢慢培养了各自的能力，比如学习及思考方法，人生观及价值观。因此，教师的教学必须重视这部分已融入学生内心的原有经验，必须以此为基础创建新的经验。而学情分析在此过程中发挥着关键的作用，它存在的主要意义是认可学生的原本经验。显然，这是非常复杂的一个内容，需要师生不断的沟通努力，在相互了解下才可以实现的目标。

（二）人本主义学习理论

这一理论主张对学生自我需求的关注，比如学生的自由、人格、责任等。其代表人物是马斯洛，他倡导自发学习，指出学习应当存在自主决定性及开放性，主张学生自主决定的学习更存在个人价值，有价值的学习可以推动个人行为习惯及性格的培养。罗杰斯指出，要开展有价值的学习必须把学生积极性及自觉性放在首要地位，把其当作学习动机，并结合学生的心愿爱好及需求开展教学，这样一定能够提高学生的学习成绩，推动教育事业的快速发展。

老师应当根据学生的个人情况进行针对性的教学。应当注重学生的兴趣爱好，挖掘他们的学习动力，尽可能发挥其主观性及自觉性，推动教学质量的提升并挖掘学生的潜能。但这些基础资料的获得，都得借助相关的学情分析。人本主义理论指出，在实施教学时应当时时铭记学习的主体是人，是存在能动性的个体，这些个体存在自己的尊严及兴趣，能够决定要不要听老师的教学。倘若老师只为了达到教学目标，让学生完成大纲安排的学习任务且进行机械化的教学，这样会使他们丧失学习的动力，不利于其成长及知识的获得，最终导致他们在学习方面处于落后状态。

（三）最近发展区学习理论

维果茨基是这一理论的创始人，他指出学生存在两大水平：第一种是当前水平，指单独行动时能获得的问题处理水平；第二种是可能的水平，指学习过程中得到的潜能，这两种水平的差别在于最近发展区。

老师应紧紧围绕这一理念，给学生带来难度系数高的任务，激发学生的主动性及潜力，进而使他们跨过这一概念进入下一发展区，并实现这一发展区的进步。结合学生身心特征及知识结构，开展有效的学情分析，了解他们的最近发展区，养成合理的学习态度及正确的思想。

（四）教育教学理论依据

王道俊等编制了《教育学》这本书，书中详尽讨论了怎样看待教育和人的成长之间的联系，人的成长特征及规律等内容。人的成长存在很大的空间，大部分人没到达成长的最高峰，尤其是正在学习阶段的学生，有着一定的可塑性。同时人的成长又是自觉实现及不断改进的过程，因此又存在能动性。能动性是人成长的内部因素，和个体的自我规划及进取都密切相关。

教育的意义是有计划地培养人才，其在人的成长时期发挥着关键作用。学生的成长被教学行为所影响。教育可以指引学生挖掘自我潜能，针对性的教学及培训可以推动学生的进步，学生担负的责任是完成教学阶段的各种学习。为了和人成长过程中的顺序性、差异性等特征相一致，教师开展教学时，必须做到学情分析，这是十分关键的一点。

为掌握学生成长的年龄特点，当务之急是了解学生，这是必须实现的目标。不管在哪种教学理论中，但凡牵扯到教育，就必须有教学客体，就必须应用学情分析。伴随物理教学新方向的出现，老师的教学方法也产生一定的变化，要求更为严格。物理教学不但要求老师存在扎实的理论知识，而且要求他们学会怎样和学生沟通，确立满足学生个性特征的教学方法。在教学经验的逐渐积累和规律的探索下，教育界确立了新的物理教学准则。

李新乡等提出了中学物理教学所需遵循的几大准则：第一，科学性及教育性相统一；第二，注重研究、突显实验；第三，注重过程和方法，引发思索；第四，以学生为主；第五，密切结合学生现状，注重 STS 教学。

阎金铎指出教学过程有多方面的影响因素，师生和物理理论是其中最关键的影响要素，这几个要素紧密关联、相互影响，最终形成了一个全面的教学体系。书中还指出人们对这几大要素作用的不同看法，使得教育理念及教学方法产生了一定的分歧。客观的认识这几大要素，了解他们的内在联系，方可体现其各自的价值，让几大要素发挥理想的效果。因此，必须重视以下内容。

①学生是学习的主体，应在教师引领下体现能动性，自发积极地探索新事物，完成学习目标，在此过程中实现自我发展。

②物理知识是客体，涵盖自然事物，间接知识和其演变经过。

③老师是教学的策划者及学生学习的引领者。

在开展教学时，必须以学生的立场为主，顺应他们的知识获得及心理成长特点。简言之，学生的认知是一个复杂的过程，涉及感知向理解的转变、已知向未知转变，特殊与一般的相互转变，在理解的情况下对知识加以巩固及利用，由模仿到创新、由简化繁，以及由局部到整体。这些特征是在教学过程中总结而来的，能经受住实践检验，我们应当合理利用这些特征。总结可知，学生在成长的不同时期，知识储备有所差异，思维、观察及理解的发展程度也千差万别。

四、中学物理学情分析

（一）中学物理学情分析的界定

当前我国理论界对学情分析没有形成统一的观点。20 世纪 80 年代黎世法最早提出这一理论，意图找到学习的规律。每个专家对这一概念存在各自的认识，导致其定义含糊不清。结合所有相关专家的观点和有关学者对中学物理的调研，在这里指出物理课堂当中的学情实际上是学生在某一学期或某个月的物理学习状态，它涉及学生之前的经历及常识，对物体的观测，对知识及技能的把握，智力的提升等相关内容。简言之，是教师在物理教学时对学生多方面的分析，包括学习现状、动力、态度、风格及能力等方面的分析，是客观的、变化的、能够预测的及多元化的一个过程。

学习现状：学习过程中学生的状态，学习方法也涵盖在其中。

学习动力：学生学习过程的推力。

学习态度：是学生对学习形成的认可或排斥的行动倾向或心理状态，如对科目、教材、教师的态度。

学习风格：学生学习时喜好的方法。

学习能力：指学习技能，学生获得新知识、办事、进步的能力。包括：总结与计算等多方面的能力等。

（二）中学学生的心理特点

研究数据显示，人类大脑皮质细胞在 13 岁左右已发育成熟，中学时期连接神经元的组织也在快速生长，创造了人类联想及分析的物质条件。这一时期，刚上中学的学生正面临高难度的学习及复杂的知识，大脑中枢系统的快速发展给其学习打下了一定的基础。然而，这一时期的中学生，各器官系统也十分发达，体内的激素随之大量分泌，进一步完善了全身各脏器的功能，进而活跃了神经系统。因此中学生的情绪波动比较频繁，中枢系统运转随之出现问题。学生在中学阶段，还会出现下列心理活动。

1. 定势心理

定势心理具体分为以下两种情况。

①学生定势。有一种情况那就是大部分刚入学的中学生觉得自己刚刚步入中学阶段，还没缓解过来，这是他们放松缓解的好时期。在这一心理的影响下，学生慢慢失去对学习的追求，意图进入中考或高考阶段再夜以继日地与题海抗争，埋头苦学，觉得这样就能考取优异的成绩，进入自己满意的大学，没必要现在努力。

②教学定势引起了学生的定势。在和一些同学们交谈后得知，他们对中学物理讲课方式极不习惯，课堂与以往的讲课方式完全不同，学生们更喜欢老师生动形象地课堂教学，讲一道题后再让他们进行类似的习题演练。希望中学老师们能汲取这类经验，将题型分类，确立解题的模板让学生运用，对重点知识重复讲解。

2. 重结论心理

从学生角度看，他们日常的交流也只是围绕答案及成绩。

从老师角度看，上课时急忙生成结论，对概念是如何形成的，物理题目的解题思路，结论的得出一带而过，有时还让学生只记结论。

从家长角度看，家长更关注结果及分数，孩子考试分数比之前高就会受到鼓励，不论分数的获得是否和其实际状况相一致。

老师、父母的这些行为势必会引起孩子把精力放在结果方面，而忽略过程。久而久之，他们的大脑会退化，缺乏有效处理问题的方式及思维，自身能力也会随之下降，影响其学习成绩。

另外，中学阶段的学生还处于青春期，他们的心理正发生复杂的改变，无法猜测，而且通常会设法隐瞒心事。因此在物理教学中必须关注他们的心理改变，设置相应的讲课，增强他们的学习能力，提升教学质量。

五、中学物理实际学情调查

（一）问卷程序设计

第一，编制调查问卷。利用文献分析法，有关学者借鉴了《中学生物理学习情况问卷调查》的有关内容，且联系研究意图，从学生学习的真实情况、学习动力及爱好、风格及态度等角度出发，编制了关于《高一学生物理学习情况》的问卷。

第二，选择研究对象并进行调查。随机抽查 500 名学生，研究对象主要是延边某中学的高一学生。

第三，收集处理数据。搜集有效的问卷，且把这部分问卷资料存进电脑，整理有关信息。通过 SPSS19.0 等软件对数据进行分析，得到相关的指标。

第四，形成调查结论，分析并讨论。

（二）调查问卷问题设计说明

问卷通过在延边某中学教学计划的基础上，分析学情及高一学生的特点，从学生物理学习的真实情况、学习动力及爱好、风格及态度等角度出发进行研究，最终确立了此调查问卷。

本问卷总共包括 31 道题目，前 30 道是选择题，其中部分题目通过计分法得出结果，最后一题是开放题。问卷主要围绕学生心目中的物理课展开，每个人可以畅所欲言，问卷试图得知学生对物理的实际看法。在正式问卷前先把 60 多名高一学生当作研究对象，对其中 48 名学生的数据做了信度分析，$\alpha > 0.7$，此问卷信度很高，研究结论如表 3-1 所示。

表 3-1　学习兴趣调查数据

维度	题目数	α 值
学习动机	5	0.85
学习风格	5	0.79
学习态度	3	0.91
学习能力	5	0.81

在调查中，所有题目都结合学生的真实状态给出了一系列选项。因为学生们学习方法各有不同，影响要素也千差万别，鉴于这些情况，有关学者把部分题目设置成多选题，包括第 7～9 及第 11 这 4 道题。在研究过程中，发出 500 份问卷，回收问卷中有 462 份是有效的，有效率高于 90%。这里将对本次问卷

的考核内容做了相应解释，如表 3-2 和表 3-3 所示。

表 3-2　学生学习状态考察表

考察维度	题号	考察内容	备注
高一学生物理学习综合状态	1	遇到物理难题的处理方式	
	2	班级物理学习气氛	
	3	考后失分情况分析	
	4	对待物理错题处理方式	
	5	对物理实验教学喜爱程度	
	6	利用电子产品学习物理情况	
	7	物理课外学习方式	多选
	8	学习物理的经历	多选
	9	对自己物理成绩的反思	多选
	10	无物理教师处理物理难题的方式	
	11	学习物理的动力	多选
	12	对物理老师了解自己的认知	

表 3-3　学生各维度综合情况考察表

维度	题号	考察内容	备注
学习动机	16	物理成绩不好，鼓励自己努力	
	23	有较好的自我效能感	
	25	遇到物理难题选择退缩	
	28	学习成绩不好放弃物理	
	29	现在已经放弃物理	
学习风格	13	在课前能进行物理预习	
	15	忙于做笔记，忽视听课	
	17	一题多解	
	20	相比物理讲课，更喜欢自己看书自学	
	26	物理知识来源教师讲授课本和习题	
学习态度	14	完成作业后，能找相关练习进行练习	
	18	能主动完成教师作业	
	24	认真对待午后训练卷	
学习能力	19	注重物理课本	
	21	能独立完成实验	
	22	不知道自己如何看教材	
	27	相似与相近知识易混淆	
	30	解决不了知识源于数学问题	

（三）学生物理学情现状分析

1. 学生物理学习状态维度分析

如表 3-4 和表 3-5 所示，可以反映出下列问题：第一，成绩评价方面的调查能够发现，仅 1/10 的学生觉得自己成绩好。第二，学习认识方面的统计数据表明，大多学生觉得物理相对其他课程而言有些难度，在问卷中看到，觉得物理难的学生大部分成绩比较差。鉴于以上发现，有关学者对以上两方面内容进行了卡方检验，如表 3-6 所示。

表 3-4　学生自我成绩评估与对学习物理的认识调查表

维度	百分比 /%			
物理成绩自我评估	10.8 优	34.1 良好	36.6 一般	18.3 不理想
对学习物理的认识	20.4 很难	31.5 较难	34.4 一般	12.7 较易

表 3-5　物理成绩自我评估表

维度		物理成绩自我评估				
学生层次		优秀	良好	一般	不理想	合计
对物理学习的认识	较易学	22	21	15	5	63
	一般	13	64	69	13	159
	较难学	8	55	42	41	146
	特别难	7	18	43	26	94
合计		50	158	169	85	462

表 3-6　结果（蒙特卡罗法）的卡方分析表

项目	统计量值	自由度	双侧近似概率	蒙特卡罗法计算概率
Pearson 卡方	8.313	5	0.056	0.053

结果显示，皮尔逊卡方的近似值概率为 0.056，而蒙特卡罗法计算的确切概率 0.053，其中 99%可信区间为 0.048 ～ 0.059，一致性一般，结论为尚不能认为学生对物理成绩的自我评估和对物理学习的认识有关。

研究发现，学习是发展变化的，其结果受多种因素的影响。对学生物理整体现状的调研，包括他们的课中学习及课后复习方法、倾向的老师授课方法及上课环境等方面的调研，只有清楚这些内容后，方可开展合理的学情分析。如表 3-7 所示，第 1 题和第 4 题的结论表明在遇到困难时，有无老师对问题处理方法存在显著影响，大多数学生对老师有强烈的依赖，在老师不在的条件下，57%左右的学生会和同学探讨或用其他方法处理问题，这意味着大多数同学对物理学习存在兴趣。研究发现，有九成以上同学会利用电脑或手机处理难题，其中六成学生利用电子设备处理难题的次数比较频繁，大多数同学离不开手机和电脑的帮助。从4题的结果能够发现，学生会看重物理成绩，八成学生会改正错误，然而其中大多数人不会探究错误的根源，这部分同学约占45%。从第2题的结果能够发现，物理学习气氛活跃的学生占比最多，62.3%的学生更倾向于指导及演示实验。从第12题的结果能够发现，10.8%的物理老师非常了解学生。

表3-7　学生学习物理的学习状态分析表

1. 遇到物理难题处理方式	19.6% 搁置	54.3% 探讨解决	10% 查找资料	16.1% 其他
2. 班级物理学习气氛	38.1% 活跃	28.4% 一般	28.6% 沉闷	4.9% 其他
3. 考后失分情况分析	25.6% 选择题	23.6% 计算题	23.4% 实验题	28.4% 不分析
4. 对错题处理方式	37.3% 修订分析	45.6% 修订不分析	17.1% 不理睬	
5. 对实验教学喜爱方式	38.6% 指导实验	23.7% 演示实验	20.4% 播放视频	17.3% 板书讲解
6. 利用电子产品学习情况	10.4% 不会	23.1% 偶尔	59.2% 经常	7.3% 不懂利用
10. 无教师时处理难题方式	42.4% 放弃	28.2% 和同学讨论	20.1% 查辅导资料	9.3% 其他
12. 物理老师了解你多少	10.8% 非常了解	65.2% 一般了解	12.8% 不了解	11.2% 完全不了解

对学生学习状态的分析可以帮助老师开展合理的教学。如表3-8所示，从第7题的数据能够看出，将近70%的同学上过辅导班，奥赛辅导和研究性课的学生占比较少，分别为17.9%和9.74%。学习任务多可能导致这种情况发生，大部分学生把主要精力放在升学方面，不注重培养学习兴趣。第8题重点是要了解学生学习需求的满足程度。学习需求不但是完成教学计划的基础条件而且是提升学生综合素质的立足点，有时没听懂老师讲课的学生将近八成，很多同学不敢向老师提问。上课互动方面，老师会注重同学们的发言，仅1/10的同学表示其无发言机会。第9题主要是为了分析影响学生物理成绩的要素，进而确切地反映其学习状况。本题分析的指标涉及知识、学习目标方法及气氛、老师教学特点。这些因素一部分是学生方面的，一部分是环境方面的。数据表明，教师的教学是物理成绩的关键影响因素，占比最高，为70.99%。接下来依次是学习方法及兴趣。因此老师在讲课时应尽量满足学生需求，让他们接受自己的教学方式。

表 3-8　学生学习状态多选题分析表

题目	选项	人数	百分比
7. 我参加过物理哪些形式的课外学习	A 奥赛辅导	83	17.9%
	B 研究性课	45	9.74%
	C 家教或辅导班	309	66.8%
	D 其他	167	36.4%
8. 在物理学习过程中，你曾有下列哪些经历	A 有时没听懂	356	77%
	B 很难见到老师或不敢问老师	234	50.64%
	C 课堂上没有我发言的机会	58	11.72%
	D 没有碰到以上情况	32	6.92%
9. 现阶段影响我物理成绩的因素有	A 基础知识	344	74.5%
	B 学习兴趣	123	26.5%
	C 学习方法	126	27.27%
	D 授课教师的教学	328	70.99%
	E 班级学习氛围	89	19.26%
11. 我学习物理的动力是	A 升学	449	97.1%
	B 将来会从事有关物理的职业	147	31.8%
	C 喜欢老师的教学风格	167	39.43%
	D 其他	106	22.94

2. 学生物理学习动机维度分析

心理学告诉我们，动机高的人获得成功的机会较高，老师应当详细分析学生的学习动机，提高他们的学习积极性。调查发现，大部分学生物理学习的动力是升学，也有一些学生对物理感兴趣。如表 3-9 所示，可以看出，成绩不好时自我激励的同学占 63%，效能感好的约 11%，少数学生碰到困难或成绩较差时，会退缩或者放弃。调查还显示，将近 9%的学生已放弃物理，导致这一问题出现的根源是物理并非必考课程，学生考理科院校才需要进行物理学习，文科不需要。

表 3-9　学生学习动机维度分析表

维度	题号	考察内容	完全符合	基本符合	有点符合	完全不符合
学习动机	16	成绩不好鼓励自己努力	16.8%	47.5%	25.8%	9.9%
	23	有较好的自我效能感	11.3%	45.7%	37.3%	5.7%
	25	遇到物理难题选择退缩	8.9%	13.1%	10.4%	67.6%
	28	如果成绩不好放弃物理	15.4%	17.8%	14.5%	52.3%
	29	现在已经放弃物理	8.9%	16.1%	22.3%	52.7%

3. 学生物理学习风格维度分析

学习风格是学生学习物理过程中使用的方法，能够反映学生的认识。对教师而言，把握学生学习风格极其关键。如表 3-10 所示，可以看出，仅 14% 的同学课前会进行预习，大部分同学会在听课与笔记之间自由切换，然而只有 3.5% 的学生一题会多解，其他同学只关心问题的答案，解题方法比较单一，八成同学的知识来源于老师，对老师有强烈的依赖，不会也不愿意自学。

表 3-10　学生学习风格维度分析表

维度	题号	考察内容	完全符合	基本符合	有点符合	完全不符合
学习风格	13	在课前能进行物理预习	14%	28.4%	35.5%	22.1%
	15	忙于做笔记，忽视听课	5.2%	13.4%	23.3%	58.1%
	17	一题多解	3.5%	10.3%	34.1%	52.1%
	20	更喜欢自己看书自学	12.4%	23.6%	48.7%	15.3%
	26	知识来源与课堂与习题	40.2%	21.4%	15.6%	23.1%

4. 学生物理学习态度维度分析

学习态度对学习效率起着关键的作用，在学习态度问题上，应重点关注学生作业完成和自学方面。如表 3-11 所示，可以看出，可以积极做完作业及认真完成训练卷的学生总共占 71.4%，做完作业后找练习题的同学占比为 30%。这意味着学生学习态度相对端正，但是缺乏自学的习惯，对老师有强烈的依赖。

表 3-11　学生学习态度维度分析表

维度	题号	考察内容	完全符合	基本符合	有点符合	完全不符合
学习态度	14	完成作业后，找相关练习练习	18.9%	14.8%	44.8%	21.5%
	18	能主动完成教师作业	46.7%	24.2%	23.3%	5.8%
	24	认真对待午后训练卷	24.7%	35.6%	26.8%	12.9%

5. 学生物理学习能力维度分析

学习能力同样影响学习效率，因此若想进行合理的学情分析就必须重视学习能力。这里设置了 5 大问题对学生学习能力展开分析，如表 3-12 所示，从第 19 和第 22 题的结果能够看出，学生有一定的阅读教材能力，有六成的学生能够在书本中得到新知识。大多数同学动手能力强，可以单独做实验。因为很多物理知识容易混淆，给许多同学的学习带来了一定困难。高一物理存在数学几何及函数方面的知识，进一步加大了难度系数，但仅仅3/10的学生觉得数学差会降低其物理成绩，这说明大部分学生可以解决由数学问题带来的问题。

表3-12　学生学习能力维度分析表

维度	题号	考察内容	完全符合	基本符合	有点符合	完全不符合
学习能力	19	通过课本自主学习	34.7%	27.5%	28.1%	19.1%
	21	能独立完成实验	67.8%	10.2%	13.8%	8.2%
	22	不知道自己如何看教材	18.9%	24.6%	20.7%	45.8%
	27	相似与相近知识易混淆	35.2%	28.7%	19.4%	16.7%
	30	解决不了知识源于数学问题	16.2%	14.7%	45.8%	23.3%

6. 学生对物理教学的诉求

问卷最后一道题是开放题，主要探讨学生想象中的物理课堂。因此，这里记录了大部分学生的想法，具体如下。

①老师应当传授一些方法，且密切联系实际。

②多进行实验，少讲理论；多一些思考，少一些教学。

③老师在讲解知识后，留出大量时间供学生认真思考。

④在实验室教学。出现特殊物理场景时能够进行实验，且保持良好的上课气氛。

⑤在讲课过程中，尽可能和学生共同探讨疑难问题，多加思索，重视学生解题思路的培养，不单纯靠记忆答题。

⑥幽默诙谐，课堂安排充实且有条理。

⑦根据实验材料自主开展研究。

⑧实验和课程相互补充。

⑨上课过程中穿插作业，积极解答学生上课时出现的疑惑。

⑩开展启发式授课，指引学生学习。

⑪活跃气氛，学生上课积极性高。

⑫不仅仅为完成教学任务而讲课，上课不是为了安排作业。

⑬老师应该多和学生沟通，了解他们的学习需求。

⑭所有同学主动参与讨论。

⑮新课多一些实验，尽力提升所有学生的学习兴趣。

⑯让所有人有实验机会，抽时间讲题。

⑰课后安排复习及做题时间，学与练共同进行。

⑱学习方法多元化，知识应生动具体，注重细节。

⑲理论课必须非常融洽，实验课多配备一些器材让学生有实验机会。

⑳天天实验，不考试。

从以上调查结果中能够看出，大部分同学对亲自做实验有很高的期盼，还有部分同学期待老师讲课幽默诙谐，促进课堂交流，活跃气氛。部分同学期待上课过程中可以自由提问，而不希望老师一直讲解。但是现今的物理课中同学们提问的机会比较少，使得他们上课时出现的困惑得不到解答，因此呼吁老师适当腾出时间解答同学们上课过程中的一些疑问，减轻课后负担。

7. 学生学习成绩的考察

为确切的了解这些高一新生的学情，研究者抽取了学生期中成绩进行研究，最后得出以下结论。

如表 3-13 所示，可以看出，物理成绩在 61 ～ 70 分之间的学生最多，80 分以上者大约 1/5，这和 1/5 的同学觉得物理难的情况相一致。

表 3-13　学生学习成绩表

分数段	100 ～ 91	90 ～ 81	80 ～ 71	70 ～ 61	60 ～ 51	50 ～ 41	40 ～ 0
人数	56	97	157	212	138	89	65
百分比	6.9%	11.91%	19.28%	26.04%	16.95%	10.44%	8.48%
总数	814	平均分	68.34		标准差	12.365	

结合问卷调查结果及学生物理成绩，可以得出以下结论。

①成绩评价方面的调查能够发现，仅 1/10 的学生觉得自己成绩好，学习认识方面的统计数据表明，大多学生觉得物理相对其他课程而言有些难度，成绩评价和学习认识之间不存在任何的关联。当学生在学习中遇到困难时，往往会向老师或同学请教，有时会使用电子设备获得帮助。仅有少部分同学会进行课前预习及课后复习。

②有很多同学学习物理的目的是上大学，有同学觉得物理考试成绩高是其学习成功的体现，一些学生找不到影响其成绩的确切原因。还有一些同学讨厌物理以致会弃理从文。

③从诉求及学习风格方面能够看出，学生偏向于操作性课堂，喜欢实验。

④大部分学生学习态度比较端正，而且数学不会对他们学习带来困扰。

⑤学生的平均分数大概是 70 分，一些同学只关注分数却不研究失分原因。

六、中学学情分析模型的建立

学情是教师开展教学的基本条件，能发挥相应的教学效果，对学生学习大有裨益，课程前后开展有效的学情分析能够体现其对增强教学效率的重大作用。课前的学情分析有助于老师了解学生的学习基础，估测他们的上课反映；课中的分析，能够真实呈现学生学习状况，对增强教学效率有重大意义；课后的分析，能够呈现学生学习结果，对增强教学效率起着十分关键的影响。开展学情分析，必须全面分析上课前、课中、课后所有方面的情况。学情分析结构图和学情分析模型如图 3-1 和图 3-2 所示。

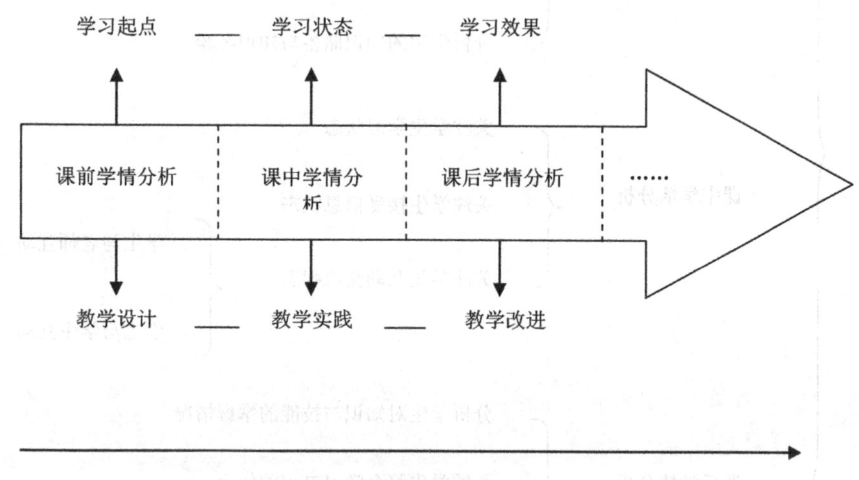

图 3-1　学情分析结构图

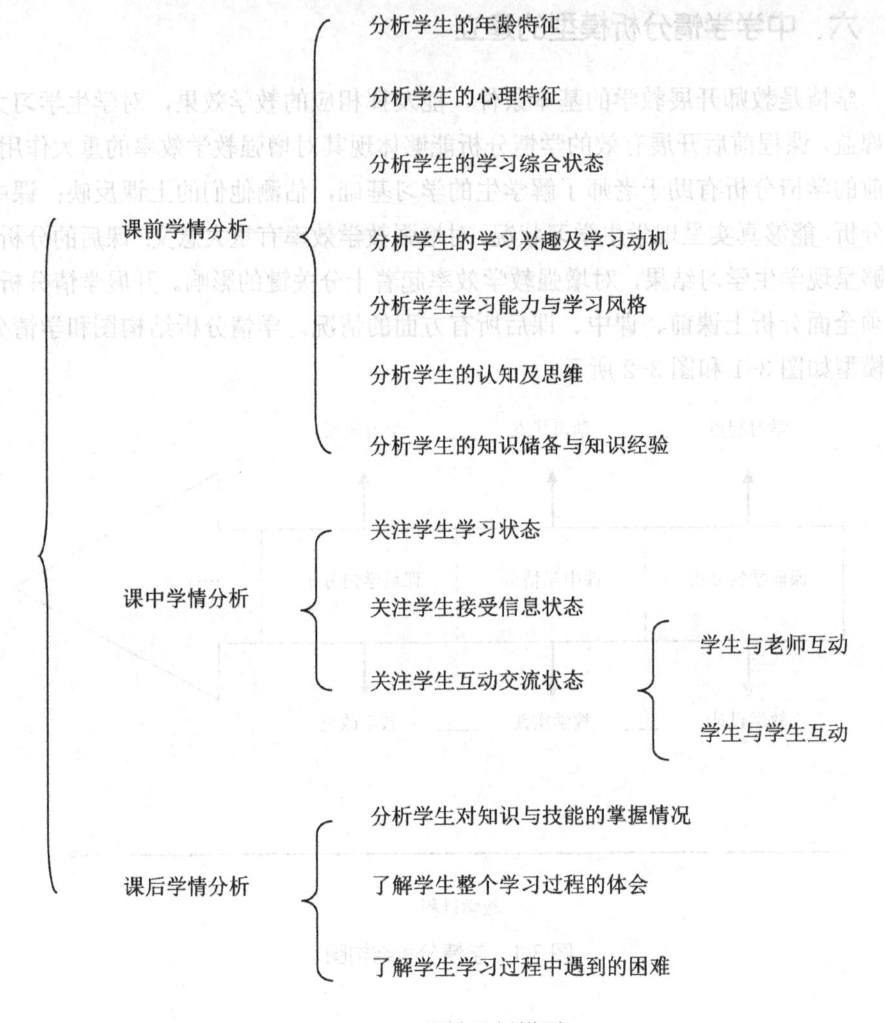

图 3-2　学情分析模型

关于怎样开展学情分析必须从课前、课中和课后三个角度来进行分析，具体内容如下。

（一）课前学情分析

这一时期，老师应结合学生的真实状态，分结构、有步骤地了解学生的现状，应综合考虑学生的共性及个体特点，从个体到全部，注重整体性和差异性。

1. 分析学生的年龄特征

学生的发展有着规律性，同龄的学生存在大体类似的认知及思考形式，内在感受及需要，学习动力等，学生年龄特点潜移默化地改变其学习特征。老师可结合学生年龄查阅心理学书籍，了解有关学情方面的知识。某些优秀的教师也可以和先前教过的年纪相仿学生的特征进行对比。

2. 分析学生的学习综合状态

在物理讲课过程中，老师应重视学生的学习状态，不同学生的学习理念、学习风格、学习习惯有所差异，由此也引起了学习状态的差别。在教学时老师应对学生学习状况多一些分析，找出共同点及差别，在适宜的时机形成相应的教学措施，完成教学目标。

3. 分析的学习兴趣和学习动机

在教学策划中老师应全面把握学生的真实需求，进而提升他们的学习主动性，挖掘其学习动力。兴趣和动力在每个学生身上有着不同的体现，教师有目的地探索学生的学习兴趣及动力时，既能够借助先前的教学经验，又能够按照教学目标形成问卷，以问卷的方法如实地呈现学生在课堂中最有兴致的理论知识，而且对学生学习动机的有无进行相应判断。

4. 分析学生的学习能力与学习风格

每个人的学习能力有着一定的差别，它不但能够帮助学生把握学习难点，而且帮助选取恰当的方法克服难题。老师一方面应了解学生学习能力，真正做到对教学难点的捕捉，有效的安排时间。另一方面可结合学生先前的物理学习成绩进行相应的评估，然而这里的评估并不是一成不变的，可在综合学生先前成绩的情况下按照其平时的上课状态，探讨学生对各知识点的把握程度，进一步得到学生学习能力方面的真实情况，尤其是物理学习能力的情况。

5. 分析本班学生的认知及思维方式

教师结合先前的经验，分析并开发所教同学的认知能力，发挥思维方法特色，取长补短，确保优质的教学质量。不能单纯依据教育理论中的某些定论解释学生个体化的认知和思考形式，应该仔细观察学生。在分析阶段密切联系本科目特征，且对先前的教学进行回顾，这是十分关键的一点；此外老师可以采用问卷或者访谈的方法得知学生认知和思考方面的特征。

6. 分析学生的知识储备和经验

开展学情分析前应充分了解学生大体的知识量。老师们可依据教学标准和材料，探讨先前的学习过程中与此次教学有关的部分，找出对学生下一步学习有帮助的内容。合理地评估学生的状态，对比他们呈现出的显著差别。这些差别可以作为教学的主要出发点及创新点，必须结合学生的个体化差异，确立适合学生的教学方法，满足他们的实际需求。此外老师可按照知识点确立问卷，了解学生的实际知识量，与此同时帮助学生温习先前的有关内容，对本次学习计划的实现有很大的帮助。大部分情况下教学与生活有着密切的联系，学生的生活经历对教学也存在显著的影响。

（二）课中学情分析

教学的对象是学生，老师应密切观察学生学习过程中出现的不同情况，结合这些情况给学生指引正确的学习方向，帮助他们确立合理的学习方法，进而完成高质量的教学。所以，学情分析的基本条件是学生能够如实呈现所有状况，只有这样老师才可以掌握学情并进行有效分析。

1. 关注学生学习投入状态

在课堂开始之初，学生的学习态度对教师教学起着至关重要的作用；积极进取的态度能够帮助学生取得较好的学习成绩，充分发挥学习的价值。在讲课过程中教师应密切了解学生的学习是否投入，了解他们的学习兴趣是否浓厚，快速地探讨他们出现这些学习状态的根源以便按照学情对教学进行相应变革。

2. 关注学生接受课堂信息状况

教学的主要作用是帮助学生获得并利用知识，所以在课堂授课时，学生对信息的接受情况是教师应当重视的一大学情。老师通常能够从学生的表情、状态等多方面出发，得知他们知识的掌握程度。学习是需要不断积累的，先前学习目标的实现对之后有关知识的学习有着关键的作用，老师观察并认真分析学情有助于其适当修改教学计划、方法及时间，真正实现“以学定教”。

3. 关注学生互动交往状态

若想确保高质量的教学，在教学过程中必须观察学生的各类互动学习状况。在上课时，学生与老师的互动程度，互动时所处的地位，互动是否积极，学生的主要问题所在，这些问题必须得到充分重视；此外，学生的学习行为并非单纯的个体活动，在实际上课过程中，大多情况下学生们应相互讨论，在小组成员的共同努力下实现学习目标，老师也应充分了解学生间的互动情况。

（三）课后学情分析

通过课堂的学习，学生在课后也会表现出某些学情。这些学情是他们学习效果的反映，对教师教学来说是一笔珍贵的财富。

1. 通过练习分析学生对于知识的掌握情况

若想得知学生的课堂学习效果，就必须想方设法让他们显露自己的知识能力。老师可采用相对简便的课后总结或复习的方法。可在下课前 5 分钟，指引学生对课堂知识进行总结，且以概念图的方式反映学生本堂课所学内容的掌握程度。也可指引学生课后复习，帮助他们发现错误并及时改正。同时结合学生学习计划及教学大纲安排相应的练习，且督促学生及时完成任务，随后认真地研究每一道试题，这样可以全面地得知学生的学习效果。

2. 了解学生对整个学习过程的体会

在实现一个学习目标后，学生对课程会存在各自的感受，这些感受组成了课后学情。老师可确立个体化的问卷，以问卷形式掌握学生对课程的真实感受，除此之外，若想对学生进行深入了解，课后可围绕问卷中得到的信息，对有特征性的学生开展面对面交流，这样方可充分理解学生的内心感受。更为关键的是，老师在了解学生的感受之余，必须密切联系教学经历探讨导致这样感受出现的原因，反思其教学过程，增强教学效率，指导学生实现高效的学习。

3. 了解学生学习过程遇到的困难

学生的学习是发展变化的，可以确保新知识的获得，因此除了在静态角度结合教学计划把握学情外，还应注重学情的动态改变。在某种意义上说，学生是缺乏稳定性的，在学习过程中会出现各种情况，老师应关注学生出现的问题，探索问题的根源，及时反思，汲取经验教训，为下一步的教学打下坚实的基础。

七、物理教师实际教学存在的问题

（一）学情内容缺失严重

课前学情分析过于重视知识与技能维度，导致学情内容缺失。现今的物理教学过程中，尽管一些教师存在学情分析的想法，且了解其价值，但没有几个教师会真正落实。结合一些教师的教学设计及访谈得知，他们中部分人教育基础不扎实，学情分析内容是借助个人经验及他人教学计划完成的，完全缺乏主动开展学情分析的想法，灌输给学生的也仅仅是书本知识及以往的经验，对目前的教育形势避而不谈。老师上课时急忙给出结论，对概念是如何形成的，物理题目的解题思路，对结论的得出过程等内容一带而过，有时还让学生只记结论。

很多物理教师把精力放在学生已有知识及学习障碍方面的学情分析。但是，他们在分析过程中对理论存在片面理解。

教学的目的是培养学习技能、获得方法、树立价值观，如果学情分析只重视学生的认知，是无法实现教育目的的。对一些新生而言，刚进入中学校门，学习态度，思维及风格还没转变过来，在教学时，必须把这些内容放在首要地位，进行充分的分析，关注他们的心理改变，开展针对性的教学，增强他们的学习能力，提升教学质量。

（二）学情分析缺乏动态性

学情分析过程死板，忽略学情的动态性和多样性。在实际的物理教学时，很多老师出于教学计划的考虑进行才进行学情分析。把集中备课过程中确立的教案、文本等直接用在讲课过程中，不二次备课。

在教学设计阶段，课前应当了解学生的现状，围绕他们出现的问题备课，这一过程就是学情分析的过程，可以实现针对性的教学，达到理想的教学效果。不仅如此，教师应对教学过程做好预设，预估学生在课堂的学习效果，学生课中的学情分析尤为重要，但在实际教学中一线教师往往忽略这一点。对不同的班集体及同学开展学情分析，一些物理老师过度关注本班同学的整体状况，却忽视了个体差异，在教学时缺乏层次性的策略。

学生在某种意义上来说是缺乏稳定性的，在学习过程中会出现各种情况，在教学时，老师应关注学生出现的问题，探索问题的根源，及时反思，汲取经验教训。在访谈后发现，经验性的学情分析，使得分析和教学实践完全背离，导致分析结果无法合理地应用，不能处理学生出现的问题，大部分教师没能合理地将其和自身教学密切联系起来。学情分析结果的不真实导致教师不能将学情分析的结果有效地运用到解决实际问题中，学情分析成为一个相对独立的环节，与教学设计、教学实施相脱节，不能有效地指导教师的教学。

（三）课后学情关注度不高

对课后学情关注不足，运用学情分析结果的意识淡薄。学情分析不单单是“提前的”，还包括及时的和之后的分析。通过访谈，有关学者发现，一线教师对课后的学情分析和如何有效的应用课后学情分析结果关注较少。课后学习的主体仍然是学生，学生在课后也会呈现出一些特有的学情。因此，在课后进行学情分析，可以提高物理教学效率，是对本节课的再一次升华。

一堂课是否高效，可根据课后评价得出结论，正确地评价一堂课的教学效果，对于接下去的教学活动有着重要的影响。毫无疑问教学评价是评价学生对于课堂所学知识的掌握情况，在很大程度上这些情况学生会在课堂的学习表现中呈现出来，但是课堂的时间非常有限，教师很难在课堂内完全把握住学生复杂的学情。课后又要去准备下一节课的内容，从而忽视了这节课的教学评价结果。部分一线教师也会关注课后教学评价，但他们只是通过小的测验和考试的成绩，去评估和预判学生的学习情况，忽略学情背后的学生的问题。

八、基于学情分析中的问题提出相应策略

（一）丰富学情分析内容与细化教学目标

为了通过学情分析提高实际的物理课堂教学效率，教师必须明白学情分析的重要意义。在备课中，要把学情分析情况作为确定教学目标的重要参考，也就是说根据学情来决定学习目标，而不仅仅是以新课标标准和考试大纲来决定目标。做好学情分析，寻求学生的最近发展区分析学生的认知方式等，针对学生的实际学情，提供最好的教学素材和资源，进行高效的课堂教学。在教学实施过程中，不仅应该注意学生的现有知识与能力，更要考虑学生的学习动机，学习风格和学习能力等，使用相关的心理学量表，对学生进行全面了解。不仅如此，在课前的学情分析，不仅仅只分析学生的以往经验，还应该注意分析这节课内容中学生存在的发展点，学生学习过程中会遇到哪些困难。

以《牛顿第二定律》为例，设计了课前针对学生一个访谈稿，访谈时候可以围绕这个谈话稿进行，具体内容如下。

谈话主题：了解学生本节课学前的知识积累以及预习情况。

总结：本次谈话时间有限，选取的人数不是很多，因此只能简单说明学生存在的一些问题，还要结合课前发放的调查问卷结果进行分析，在访谈中需要适当注意学生的表情，以便随时调整教学内容。

教学设计案例：《牛顿第二定律》。

学生知识储备与知识经验：在学习这一内容之前，学生通过前面的学习已经掌握了力、质量、加速度、惯性等概念；知道质量是惯性的量度、力是改变物体运动状态的原因；会分析物体的受力，会用合成法和分解法。不仅如此，学生已经具备与本节课相联系的数学三角函数知识。本节课涉及的实验操作技能，对用气垫导轨与光电测时系统打点计时器研究匀变速直线运动已经进行了解；具备一定的计算机操作能力，会应用办公 Excel 软件处理实验数据，能对所得数据进行线性分析。

学生思维能力分析：高一新生，刚刚接触中学物理，还没能从简单的形象

思维转变到抽象思维，认识问题不够深刻，刚刚掌握整体法与隔离法，只有少部分学生能从已有的物理要领出发，建立相应的模型。

学生学习过程可能遇到的困难：学生受纯数学影响较大，忽略了它们本身的物理意义。学生错误地认为m与F成正比，与a成反比。不仅如此，还会忽略整个规律的适用条件和矢量性。在处理实验数据方面，不会进行误差的分析，找不到误差出现的原因。

学生学习的发展点：在整个牛顿第二定律的学习过程中，学生可以知道力的效果是如何改变物体运动状态的。将运动学与动力学相联系；通过本节课的学习，学生应掌握，在利用物理规律解决实际问题时，首先应简化成物理模型，注意整体法、隔离法等方法的使用；在实验过程中，尽量减小误差（平衡摩擦力），学会分析数据，能用物理术语表述实验结论。

（二）做好教学反思

学情分析本身就是教师参与建构学生的一种方式，是教师走进学生世界的一种方式，也是教师实现专业素养发展的一种方式。完成了一次课堂教学后，课后学生会呈现出一定的学情，比如说他们这堂课的学习效果如何，在整个学习过程中主要的困难在哪里等。这部分学情包含着他们对于这堂课学习结果的反馈，这些反馈对于教师而言是宝贵的资源。教师往往可以通过课后小结与练习、选择有代表性的学生进行针对性的访谈及课后反思等多种渠道来挖掘。

当前教学实际中，教师倾向于从经验层面判断学情，缺乏深入研究学生的意识以及科学研究学情的方法。物理教师要将评价结果与学情分析有机地结合起来，调整相关教学策略。应该强调学情分析的证据意识，多判据互证，每一次的学情分析都不能是孤立的、没有证据的，所以充分利用评价结果，做到以评促教。

以《牛顿第二定律》的课后学情分析与教学反思为例，具体内容如下。

①通过练习分析学生对于知识的掌握情况。

②通过问卷或访谈的方式了解学生对整个学习过程的体会。

③通过观察法和访谈法了解学生在学习过程中遇到的困难。

课后学情分析情况：本节课是在上节课探究结果的基础上，加以归纳并总结了牛顿第二定律的内容，通过课上和课后的实证练习与强化训练，与个别同学访谈，得到的课后学情。大多数同学能运用运动规律解决实际问题，但是学生的普遍问题是对过程中物体受力情况的分析，特别是在静摩擦力有无、大小、方向等方面的判断。不能很好地掌握假设法、整体法与隔离法。在教学过程中，仍有同学对力分解方法的正交分解不能掌握，归纳其原因就是学生没能掌握数学三角函数，针对这部分同学，教师应该准备有关三角函数在物理力学中的简单应用的扩展。

第二节　研读教科书

一、中学教科书研读

教科书简称课本，即根据课程标准和教学原则的要求并考虑学生的认知特点，以简明、准确的文字，系统地阐述一门课程具体内容的教学用书。教科书是课程开发的成果，是物化的课程形式，它看似一个静态的文本，却浓缩了课程的丰富内涵。具体来讲，它承载着教育活动的美好愿望，承载着文化的育人价值，承载着教育者的期望与智慧，是直接体现教育思想与旨趣的“蓝图”。

作为中学物理课程实施过程中最直接的课程资源，教科书的重要作用不言而喻。教科书的编写要遵循科学性、适用性、时代性等原则，在内容的选择上要围绕落实物理核心素养的要求，注重内容的基础性、选择性，体现时代性，要兼顾教材的时代性和科学性，教科书在内容选择时应认真核查，要重视教科书语言描述的严谨性，并及时更新教材中的相关内容。

二、了解教科书架构设计

教科书设计的目标离不开学生个体的自我生长的实现。强架构的教科书因过度强调教科书传递知识与日常生活经验的区别、表述方式上的强势姿态，以及知识教学的程式化、标准化，难以激发学生个体的学习兴趣、不利于智能的培养。教科书编制的弱势趋向，绝不企图控制与强制按照统一的路径思考、统一的模式训练，而是努力创造参与的机会，实现真正的思想碰撞和交流互动。教科书架构由强向弱、由封闭向开放的转变，不仅给予个体生命以意义与价值，也是建设创新型国家的客观需要。教科书架构由强到弱的变化，不是彼此取代、强劣弱优的逻辑，而是走向均衡融合的逻辑。

人在文化传统中成长，离不开学校教育，而教科书的强 / 弱架构植根于学校教育之中，是学校教育传递人类文化知识、实现对人的文化塑造的基本形式。

（一）教科书强 / 弱架构概述

文化不仅是一种共同的符号，而且是为反复出现的问题提供解决方案的目录，更是过去时代积淀下来的共同精神财富。教科书的强 / 弱架构意欲阐明教科书编写的两种基本形式在学校教育传承人类文化知识的过程中，可能发挥不同的作用。

1. 教科书强 / 弱架构的概念

教科书强 / 弱架构的概念旨在表征学校教育中传递内容与非传递内容间疆界的清晰程度。伯恩斯坦曾在《论教育知识的分类和架构》一文中，提出分类和架构的概念，将课程分为集合的和整合的两种课程类型。他认为，架构更多关注传递和接受知识的背景的形态，旨在表征在教科书或教学的联系中，传递内容与非传递内容之间边界的清晰程度，涉及的是教育者与被教育者之间、教科书与阅读者之间的特殊关联。架构强的地方，意味着对教科书和教学内容的选择余地少，传递内容与非传递内容之间存在一条鲜明的边界。比如，传统的物理教科书更多强调理想化状态，通常用理想化的概念或模型来代替物理现实，用"质点"（即一个具有质量但忽略其大小和形状的几何点）代替实际的受力物体、"光滑水平面"代替摩擦力可忽略的实际接触面等，几乎成为教科书内容与语言表述的基本准则和规范，从而在教科书（传递的学术性）知识与日常经验（非传递内容）之间划出一条清晰的界限。教科书理想化致使物理知识过分强调学科知识体系的严谨性和严密性，而显得抽象、乏味、脱离实际，造成教师难教、学生难学的尴尬局面。

相比较之下，架构弱的地方，会有较大的选择范围、空间和权力，传递内容与非传递内容之间对应一条模糊边界。如新课程改革之后，以中学物理教科书的编写为例，无论是在教材内容与生活现实的连接上，还是在教科书内容的突破与内容表述过于抽象乏味、脱离生活实际等方面，都有了显著的改善。比如，普通中学课程标准实验教科书《物理》（人民教育出版社，2017）选修 2-1，在电场与直流电路的编写中，第 1 节电场阐述了电荷及其相互作用、电场、电场强度、电场线和匀强电场的概念，随后教科书设计了第 2 节电源，通过电源这个在实际生活中学生极熟悉的电子器件，把电流、电源的正负极、电动势、电池的内阻和容量等概念有机地统整起来；并通过制作水果电池，探究影响电池电动势的因素，激发学生实验探究的热情；通过"广角镜"中各种各样的电池，使学生开阔眼界的同时，把物理学知识与实践应用紧密联系在一起。这是新课程教科书编制的一个创新，是以往教科书编写中不曾有过的，对消除教科书传递知识与日常生活经验间的隔阂，作用显著。

再比如，普通中学课程标准实验教科书《物理》（人民教育出版社，2015）必修2，在第27页关于“拱形桥”小节的最后一个自然段（原文）设计：“公路在通过小型水库泄洪闸的下游时常常要修建凹形桥，也叫‘过水路面’。汽车通过凹形桥的最低点时，车对桥的压力比汽车的重量大些还是小些？同学们可以仿照上面的方法自己进行分析。”对比全日制普通高级中学教科书（试验修订本·必修）《物理》第一册（人民教育出版社，2000）在第97页中，相应内容的设计（原文）：“请你根据上面分析汽车通过凸形桥的思路，分析一下汽车通过凹形桥最低点时对桥的压力。这时的压力比汽车的重量大还是小？”可见，新课标教科书通过与“过水路面”这一实际情境相联系，不仅能改变呆板、抽象的表述方式，而且能极大地增强学生的好奇心。尤其对那些没有见过真实凹形桥或过水路面的学生，或许难以相信——这种凹形桥真的存在？要能去看看该多好！如此设计能诱导他们顾不得吃饭睡觉也要上网查阅有关凹形桥的相关资料，使课堂学习无缝延伸至课外。

总的来看，新课标教科书的编制凸显出生动活泼地与生活世界和日常经验紧密联系的弱架构形式，对教师在实践中真正“用教科书”教学提供了许多有益的启示。

2. 教科书强 / 弱架构的重要作用

伯恩斯坦对教育知识的分类和架构的研究，为深入分析学校教育传承文化的形态与特征提供了理论模型参照。他指出，无论公众思想的各种形态中是否存在内在逻辑，其传递形式，即它们的分类和架构，都是社会的事实。

与人们通常的认识相一致，集合类型课程一般表现为：课程的各项内容处于某种彼此孤立、封闭的联系之中，即各项内容均具有比较清楚的界定，它们彼此之间相互独立。如，我国中学阶段分科教学的情况，就更多属于集合类型的学校教育课程体系。而整合类型的学校教育课程主要表现为：多项内容不是各自为政、不及其余，而是彼此之间建立并保持着一种开放、融通的联系，使各项知识界限呈现一种模糊情形。如，义务教育阶段综合课程“自然科学”“自然科学基础”“科学”“科学探索者”“综合理科”“社会中科学和技术”等，都是整合类型课程框架。辨识集合类型课程或整合型课程体系的基本准则，就是看各项内容间所有界限呈现的清晰程度。

伯恩斯坦强调，对这种内容界限极其清晰程度的思考，也完全可以作为分类和架构的基础。当然，分类与架构并不具体涉及进行分类的对象，而仅仅是指各项内容间所呈现出的联系，即只是关注各项内容间所具有差异的性质。具体说来，强分类之处，通常各项内容之间凭借清晰的边界，能彼此泾渭分明，如物理和化学之间的明显不同；而在弱分类之处，由于各项内容间的界限模糊，常常使各项内容间的相互独立性较弱，如《科学》中的物理和化学知识间相互渗透、彼此间的界限不再清晰。而架构的强弱，更多地表现在学科知识与非学科的日常社会生活知识的分类方面，包含了教科书、教师，以及学生可以选择的余地、范围和空间，体现了对教科书和教学内容控制程度的强弱，即架构能表征对教科书和教学内容控制的程度。

强架构必然是减少了学生对于他们学习什么、什么时间学习，以及如何学习的选择的权力，而增加了教科书与教师在教学关系中的控制权力，也减少了教科书和教师选择传递什么知识的权力，使教科书和教师不可能跨越学科知识之间的边界。

分类的强度和架构的强度能够彼此独立地发生变化。例如一个信息系统可以是比较强的分类和相对较弱的架构，或反过来也是可能的。总之，两者之间可以有多种组合。分类和架构的强弱不仅影响着知识权威或者权力的结构，而且实质上也控制着整个社会文化的传播，是学校教育传承人类文化知识的基本形式。但由于知识分类更多依据不同学科间的差异，如物理和化学的学科差异，即按照学科的分类原则划分不同的知识体系。因而，社会的权力及控制最终是通过学校教育及所使用教科书的强或弱架构的形式来实现，并进一步在各学科教学中塑造人们的意识形式。

（二）教科书编制中的强架构取向及其局限

诚然，学校教育的实施是基于学科的，但学科意味着接受某种给定的知识选择和组织等。与传统分学科教学相应的教科书，一般也是分学科编写，通常以强架构的形态呈现学科知识。

1. 传统教科书编写中的强架构及思想根源

学科教育，一方面要求学生能够学会在特定的时间提出某些问题，并理解只有哪些问题才能够进入特定的知识框架之中。受教育者，通常是按照指定原则和惯常运作规范的引导而行动。这些作为原则与惯常运作规范的基础性知识，包括它们在不同环境中的变化，常被归入“信念”或“价值”系统，极少受到人们的质疑，并为教师所接受，通过教学和科目的讲授，对学生产生影响。另一方面，由于传统评价系统，学科教育总是更多地强调获得知识后的状态，而不是认知的方式与过程。尤其是考试的问题设计及知识获得等，使教科书更倾向于利用强架构传递知识，以谋取最大程度的监测与控制权。

强架构也表现在语言表述上。从教科书语言表述的角度，对新中国70年来13个版本的物理教科书中“力的合成”一节的语言表述方式进行了统计，如表3-14所示。表中各种句式的统计准则，是按照惯例以标点符号“！”“？”“。”或“.”作为判断一个句子是否完整的依据。由于与“！”相应的祈使句，在全部13套样本教科书的“力的合成”部分均未出现，故表3-14中未列出有关祈使句的项目统计。经分析可见，自样本1至7中的陈述句都占到总语句数量的95%以上，意味着传统（较早）版本的中学物理教科书，在设计与编制中显示出较强的架构特征。

一方面，由于陈述句是一种单向的信息流动，有时作者的目的也的确不是想与读者建立明显的互动关系，尤其通过陈述句以定论或结论的形式陈述知识的时候，教科书对学生个体的体验与感受的关照就会更少，却很好地保存了教科书知识的权威性。

另一方面，陈述句的使用还能更强地突出“以科学知识为核心的知识体系”作为（特别是中学物理、化学）教科书“课程重点”的作用，使教科书文本很大程度上忽视了科学发现中的沟通和思考，忽视了科学研究的过程。将科学描述成毋庸置疑、不能修改的事实，而不是持续的探索发现、假设与调整的过程。以至于学习者面对的是一大堆无法与其进行互动的数据或事实，学习者只有理解、接收、熟记。一句话，教科书向学习者传递了“结论比过程、内容以及方法更重要”的信息。

表3-14　新中国70年我国中学物理教科书“力的合成”一节各种句式等项目统计表（次）

项目 疑问句		语句形式 陈述句	合计	
样本1	上册：P74～P75	0 （0%）	12 （100%）	12
样本2	第1册：P109～P115	1 （1.3%）	79 （98.7%）80	
样本3	第1册：P77～P80	0 （0%）	28 （100%）	28
样本4	上册：P27～P33	1 （2.1%）	47 （97.9%）	48
样本5	第1册：P31～P35	1 （2.4%）	40 （97.6%）	41
样本6	上册：P19～P24	2 （4.8%）	40 （95.2%）	42

续表

项目 疑问句		语句形式		
		陈述句	合计	
样本 7	第 1 册：P23 ～ P28	2 （4.8%）	40 （95.2%）	42
样本 8	第 1 册：P12 ～ P14	7 （18.4%）	31 （81.6%）	38
2004 年至今（新课标教科书必修 1）	样本 9：P61 ～ P64	4 （12.1%）	29 （87.9%）	33
	样本 10：P81 ～ P84	7 （17.1%）	34 （82.9%）	41
	样本 11：P84 ～ P88	15 （33.3%）	45 （66.7%）	60
	样本 12：P59 ～ P62	15 （46. 9%）	32 （53.1%）	47
	样本 13：P59 ～ P64	5 （11.9%）	42 （88.1%）	47

教科书的强架构受两方面影响，具体如下。

一是客观主义知识观的影响。客观主义知识观一直以来都是我国教科书设计者的基本哲学观念，这种观念将知识视为存在于“外部某处”、外在与强制性的现实。如此，知识就可能与创造、维护这些知识的人们的主观性活动或思考区分开来，从而把人特别是学生看成是被动的接收器、一个顺从的外部事实的社会体现。这种知识观为文化传递规范与习惯的形成，奠定了牢固而坚实的思想基础。因此，课程与教科书提供给学生学习的只是一个可以根据客观的标准被轻松复制的“知识的整体”，即通过发展学习者的理性思维，就能获得认识、能够复制的东西。然而，学习知识的过程终究在于个体如何才能建设性地生产知识，以及理解并阐释清楚它们的社会根源和意义。因而，对客观主义知识观的质疑与超越随着想当然的世界的瓦解，必将开启人们建立新的知识结构与知识传递模式的探索历程。

二是除了受政治因素影响之外，还受到教授者素质这一客观因素的影响。以中学物理教科书为例，自 1949 年到 1999 年期间物理教科书的编写，无不突出强调了对辩证唯物主义世界观的教育，在有效落实物理教学大纲和物理高考大纲的基础上，避免形成教师“难教”、学生“难学”的局面。故教科书作为“圣典”，确立明确的知识边界、规范思考路径，既有政策保障性原因，更多还是应对许多乡村教师缺乏用“教科书教”的能力的不得已之举。可以说，教科书的强结构形式还是保证基本教学质量的一个重要因素。

2. 科目与教育学知识相互作用下的强架构意识

人们对学校教育传承人类文化的认识，总是通过科目与教育学知识间的相互作用形成并存储于教师知识体系的各种范式中。正如《社会现实的建构》一文中所论证的那样，认识结构多元化与社会结构密切关联，并通过专业人员的专业授权进行控制，这就是由公认的现实规定建立起交往规则，从而对交往进行控制。

教师视域中包含着各种不同的规范、准则及其合法性的解释系统，从广义上看，可以区分为“科目”和“教育学”两种视角。具体来看，正如伊斯兰德在《作为知识组织的讲授与学习》中所言，从教育学的视角看：一是关于学习的假定，如可以指示学习正在发生的凭据是什么？两者区分的标准如何？培养“好学生”的目的是什么？二是关于教学类型的假定，如对教学交往活动进行控制的程度，一种说教或提问技术，是否可以被认为是能够达到预期结果的最有效教学类型，以及知识的具体化程度等。从科目的视角看，如教师关于科目的世界观是什么？对于科目来说，哪些问题被认为是重要的？从常识或日常生活经验到理论或学术、学科知识的发展的理论假定是什么？这些问题影响教师的职业判断。还有公众对某种科目的规定以及对该科目的方法论的认可程度如何？对此类问题的思考与认识，直接影响着教师与学生的交往活动。

比如，强架构意识把孩童看成是一个存在缺陷的、不完善的系统，一个被动地被带入某种公共思维形态中的客体，就极易使一种说教的教育学成为可能，即强调“好学生”是听话和顺从的，而且至少是很有悟性的。因而强架构意识，一方面突出知识是“被人们去掌握的东西”的惰性特征，倾向于限制解决问题的各种答案的范围，而且事先就形成了一个正确答案和“适当思路”；另一方面则通过教科书控制着那些获得准入各类科目的多种“素材”的机会。正如赫特（John Holt）在《孩子如何失败》一书中所概括的那样，老师们在学校中所做的一切事情无不是促使学生以寻求答案为中心，获得正确答案相应可以得高分。殊不知学生忙于寻找答案，就不能进行自己的思考。而教师本身的教学活动或许也是围绕答案展开的，甚至于他们基于答案的所有行为，也正是他们在以往接受教育时，被告知需要去做或者是自己从书本上学来的，并历经长时期的重复形成习惯。

3. 课堂教学中实现的强架构及消极影响

课堂知识的传递过程即教科书知识转化的过程，也是教科书知识在课堂情境中的传递，以及教师和学生之间的关联和相互作用的过程，是一种现实分享与共同建构世界的历程。师生作为教室情境中的参与者，其互动不仅是互为主体性地采用各自认为适宜的方式、词汇和言语彼此表达，诠释各自认为有意义的行为，使各类知识疆域得以在学校教育体系及各种学术性事务中构建与维持，而且也由此生成能协调未来所有经验解释的那些推理性结构。

显然，教师在知识传递过程中既是合格塑造者又是再塑造合格者的关键角色。教师在认识上常常从制度化的世界观那里获得许多支持，而教师角色的习惯和正统意识，以及维护职业认同的策略，往往又在强化着这种制度化的世界观。当然，客观现实总是经过主观性的认识或实现，才能获得相应的意义。因而，作为一种社会建构的现实规范，都是个人自己的认识，即规范是一种主观性的存在，会在教师各自的教学实践中有意或无意地体现出来。

教师眼中所谓能力较强的学生，实际上是那些愿意接受教科书上规定的概念、乐意接受教科书知识结构的学生。他们相信知识具有一定结构、自成体系，遵循这一结构能找到解决问题的答案；他们习惯于在教师和教科书给定的范围内依据一定的概念学习，而且能甘愿等待教科书和教师的解释，让其中的含义逐渐凸显。

总之，传统学校教育通过对人的塑造与规范，特别是教师在课堂知识教学环境中，进一步规约与限制，使学生体会到什么是社会规范性行为、哪些知识值得学习、哪些问题可以提问、怎样组织问题答案，才能与教科书的知识表述相一致并获得高分、怎样回答问题才能得到教师的赞许及社会认同、掌握什么技能才能满足社会需要等。诸如此类，都使教科书所传递的知识与非传递知识之间的疆界愈加清晰。但这种强架构设计的逻辑，由此带来的消极或负面影响必须引起重视。

（三）教科书架构及知识传递形式的转变

显然，无条件、无质疑地囫囵吞枣，或被动接受教科书的所谓标准的、规范性知识，是学生缺乏主动性的表现，不利于学生透彻地理解知识，更不利于发展学生能力。

1. 教科书架构由强到弱的转变势在必行

致力于教科书架构由强到弱的转变，源于人们在两个方面认识上的深化。

一是对学习意义的反思。举例来讲，一组学生倾向于完全接受教师和教科书的定义，并能自觉在其规定的意义范围内进行学习，表明该组学生更容易依赖教师和教科书权威所划出的重要的问题领域，把日常经验知识搁置一旁。但正是具备这种能力的学生被认为是可教育的，并被归入能力较高的学生组，被认同为正在进步。而一旦被归入能力较高的学习组，学生也就更希望在学校的学习活动中，以学校的要求和标准要求自己，以教科书的知识结构与表达方式，以及教师的教授作为学习的指针、核心、方向和引导，以至于知识范围与内容完全由教师依据教科书规定，不会受到学生质疑。甚至于学生对教科书和教师所讲授的知识提出疑问，反而意味着一种失败。教科书确立了一种“规范秩序”，使学生明确哪些知识应该学习，哪些问题值得提问，自己的理解应与教科书或教师的阐释相一致，要循规蹈矩用书本上的知识解决问题，明白“学习意味着什么”，学会“不随便说话，而只能这样说或者那样说”。由此，科迪认为，在他所研究的事例中，教师行为以及所使用的教科书，应对学生的学业停滞承担主要责任。毕竟以模仿、复述或“复制”教科书文本知识为目标的所谓学习，难以培养高级和复杂的思维能力，难以激发学生学习的热情和创造力，难以培养学生的探索精神，难以完成培养优秀人才的时代使命。强架构的教科书过度强调教科书传递知识与日常生活经验的差异，以及课堂教学的程式化、标准化，难以激发学生的学习兴趣，不利于智能的培养。

二是对教育内在规律的逐步揭示。教育过程本质上是一个对话的过程，不同于“发出—接收”的交流模式，不是从甲方到乙方的未生变化、未致失真的信息传递，而是各方参与，通过开放性的互动交往，产生、建构并共享意义。控制、强制的作用不仅短暂而且根本不能产生长久的影响，如“学校用强制性手段或教育方法不使学生在校园里‘妨碍他人’，如早自习保持安静，不能交头接耳；中午必须午休，不能喧哗……20 世纪 70 年代的中国台湾地区中小学学生，可谓循规蹈矩。但实践表明，一旦在校外或离开学校步入社会，公共场所中不妨碍他人的公德规范并没能同步地发展起来”。事实上，《论语》早有教诲人们，“道之以政，齐之以刑，民免而无耻”“导之以德，齐之以礼，有耻且格”，技能与德行的养成更是如此。

2. 教科书架构的“弱势”趋向及未来发展

格特·比斯塔认为，教育是一种“弱的方式”，即是在唤起或确认已存在事物的善的基础上，给予其生命以意义与价值，而不是企图强势控制的过程。换句话说，永远不能固化或者决定交流是或应当是什么，而只是将自己提供给交流，使交流呈现为一种实践的、开放的、促生性的与创造性的过程。在此过程中，人的心智、意识、思维、主体性、意义、智慧、语言、理性、逻辑、推论和真理，只有通过交流才存在且是交流的结果。而控制，依照汉娜·阿伦特的观点，只是“西方哲学的第一个灾难，即要求统一性，以至于西方思想家企图对人类行动予以控制。殊不知，除非实行专制，否则统一性是不可能的”。因此，接受并承认一种弱势姿态从而改变强控制架构，才可能使教育真正帮助学生参与对话，并顺利进入社会与世界之中。正如杜威所讲，当某个过程中的活动都是别人安排和控制的时候，共同的观点就不会获得创造；只有当活动不仅开放而且具有不确定性，所有参与者，无论是教师还是学生，都对活动有自己的关注、真正的兴趣与真正的利益时，共同的观点才可能产生。

因而，未来教科书编制及设计中，必取弱势趋向，绝不企图控制，强制按照统一的路径思考、统一的模式训练，或者知识组织绝不是按照貌似完美的预设方案线性展开，而是努力创造参与的机会，激发学生的积极性和热情，才能实现真正的思想碰撞和交流互动。仍以中学物理教科书为例，如表 3-14 所示，13 种中学物理教科书样本的语言句式结构，在新课程改革前后发生了明显变化，其中疑问句的比例显著提高，而陈述句的比例逐步降低，这是弱架构设计趋向。教科书编写中突出疑问句表述方式，体现了对师生认识活动的开放和主体意识的尊重。另外，教科书的弱架构设计趋向，还体现在新课程改革以来，各版本物理教科书的编制都特别注重从生活实际出发，不再局限于非生活化的理想情境，如不再专注“质点”“光滑平面”等理想化概念世界的推算与演绎，而是突出以科学探究作为教科书设计共同遵循的基本特征，从而强化了教科书所传递知识与日常经验或非传递知识之间的联系、淡化了两者之间的边界。教科书的弱架构设计是对客观主义、绝对实证知识观的扬弃，本质上是对传统知识控制方式的一种超越。

中华人民共和国成立以来，13 套中学物理教科书架构由强到弱的转变，不仅与人们的认识变化有关，也在很大程度上得益于高等教育大众化和素质教育改革的推进，以及所带来的两个根本性的教学条件变化。一是本科生和硕士生不再是社会稀缺资源，三级教师教育体系向二级教师教育体系的转型、教师聘任由封闭式走向开放式，满足了基础教育师资需求，提高了教师的学历层次。二是新课程改革把在职教师培训作为一个重大举措，提高了各学科教师的专业素质。这些因素都极大地促进了教科书设计由强架构向弱架构的转变，使教科书更好地适应国家基础教育发展水平的巨大差异性，也能更好地满足学生个体发展的多样化需求，发挥学生学习的主动性。

学习并不是学生孤立的“学习过程”，教师是学习的促进者和引导者。正如比斯塔所说，教师实际上能带给学生诸多启示，以及独立于“已经认知的知识”的真理或观念。这些真理既不能从已知知识中推论出来，也不能被已有知识所证实，已知知识只是辨认这种新的真理或观念的条件。因而，教学之所以必要，就在于“超越独自学习的意义，带来特别新的事物”，使学生能够从“他人那里获得‘超越我自己能力范围的东西’”。

在这样的教学过程中，尽管学生有对教科书的反作用，也有对教师反哺式的影响，但三者之间的交往不对等但却很重要。这是说，教科书编写及教师教学必须以学生的进步为前提，而学生发展也一定是以教师专业的不断精进和教科书的完善为前提。因而，教科书、教师在学生成长中所发挥的作用无可替代、不可或缺。尤其是教科书能否带给学生惊喜，带给学生知识增长，以及交往与思维能力增强的机会至关重要。教科书架构由强向弱、由封闭向开放的转变，给予了个体生命以意义与价值，是建设创新型国家的客观需要。但教科书强 / 弱架构又不是彼此取代、强劣弱优的逻辑，而是要走向均衡融合，即：对控制适度改良，鼓励个人意志力的不断提升；关注意志力，强调磨炼、重视对僵化知识观的超越，以及对于自我的肯定，而非任意情境下的“恭顺”与“服从”。此外，教科书回归“教学材料”的秉性，超越知识控制的强架构设计，也是实现“以学生为中心”教育理念的关键和必然追求。

第三节 学期教学计划

一、制订学期教学计划的意义

学期教学计划是指每学期开学，教师对自己所带的这门课程制订教学计划，用以明确课程教学思路。

学期教学计划可以帮助教师有计划地实施自己的想法，并能合理完成教学任务，同时也便于以后总结自己的教学情况，提高自己的教学能力，为积累经验、发现不足提供可能条件。

二、学期教学计划的主要内容

一份好的教学计划，要务实，可操作，使学生在学习习惯、学习方法、思维能力等方面真正受益，将每个想法落到实处。学期教学进度计划的构成大致分为以下几个方面。

①课程标准对本书教学内容的具体要求，做好教材分析及学期物理教学目标分析。制订学期教学计划首先要通读中学物理课程标准，特别是要领会课程

标准中对本书教学内容的目标要求，对教材做一个简要分析，包括教材版本、教材编写特点、主要内容、重难点。比如说，人教新课标版几年级物理教材共多少单元，每单元又分为几节，每部分重点知识和培养学生的什么能力，以及这种编排体现出的过程与方法，情感态度和价值观。

②对学生情况的简要分析。主要对所带班级学生这门课程的学习情况做一个剖析。包括学习这门课程所需要的基础知识与能力，学习方法的掌握，学生对这门课程的兴趣，学习这门课程的有利因素以及还存在的突出问题。例如，物理尖子生、学困生及中等生的人数、学生的学习习惯等。

③目标要求。理解并把握物理课程标准关于相应年级物理知识与技能、物理过程与方法、情感与态度的阶段目标。

④教学进度。写出单元和课时的教学时数，包括课题学习、复习、检测等时间安排，要写明具体日期和周。要求以表格的形式呈现，最好由学校统一设计。

⑤对本学期教材内容、学期教学重点和难点的简要分析。

⑥提高本学期课堂教学质量的主要措施。主要是根据教材编排特点和学情，大概明确主要的教学方法和学法指导，比如说任务型教学法，情景教学法等。

⑦编写学期教学进度计划，包括教学课题的课时分配及进度等，以便于在教学过程中合理掌握教学进度，保证教学任务的完成。

三、学期教学计划评估指标体系

对学期教学计划的评估可采取查、听、议、评的方法。而关于学期教学计划评估的实践，可以通过举例来说明。桂林师范高等专科学校计算机教研室曾对学期教学计划进行评估，其后依据反馈信息进行多次修改，最后形成了“学期教学计划编写评估表”。具体内容如下。

“学期教学计划编写评估表”应用情况的反馈。相关工作人员收集并整理了参与该表评估的学校督导员、系领导和教师的反馈意见，评议结果是令人满意的。

学校督导员的评议意见：学期教学计划是专业教学计划和课程教学大纲的具体化，是实现培养目标、培养合格人才的重要保证，也是院系进行教学检查、评价课堂教学质量和审核本课程考试命题质量的主要依据之一。因此，我们每个任课教师要高度重视学期教学计划填写工作。教师应认真分析课程教学大纲、教材和学生现状，在此基础上进行周密安排、认真填写。“学期教学计划编写评估表”是对学期教学计划填写进行公正、科学评价的教学评价表。

物理与信息技术系主任评议意见："学期教学计划编写评估表"主要在于为学期教学树立了符合教育要求的指标和标准，评价结果有利于为评价对象及管理人员提供改进教学和提高教学质量与效益的决策依据，从而促进教师教学质量和教学效益不断提高，是对评价对象的计划进行鉴定的依据。

教师的评议意见：学期教学计划是由任课教师填写的，并经院、系教学管理负责人审核批准的，用于指导教师个人日常教学工作的行动计划。而"学期教学计划编写评估表"是指导教师进行学期教学计划编写和科学、合理、有步骤地进行学期教学的指挥棒。

第四节　中学物理教学设计

一、中学物理教学设计界定与革新

（一）物理教学设计界定

物理是基础教育中很关键的一门学科，也是比较难学的一门学科。为了保证物理的学习质量，教师要抓好备课这一环节。要备好课，必须科学地进行教学设计。教学设计主要包括制定教学目标、安排教学过程、选择教学方法等，广义的教学设计还包括教学评价。教学设计如此重要，制定教学目标、安排教学过程、选择教学方法和设计教学评价的每一环节都不容忽视。而SOLO分类理论是关于思维层次的理论，该理论可以根据学生的反应以及对某些问题的回答来判断学生的思维，因此该理论可以用来监控学生在教学前中后的思维，并以此为依据安排教学过程、选择教学方法和设计教学评价等。将SOLO分类理论应用于教学设计，意味着关注学生及其思维水平等，符合现代教学设计的发展需要。

（二）中学物理教学设计的革新需要

在我国，物理学科在中学教育教学中的地位不容小觑，特别是理科教育中，物理是一门难学但又必须学习的一门科目。随着高考改革的进行，目前物理已经成为进入大学的重要门槛。物理是大学理工科学习的基础，没学好中学物理，何谈去学习大学里面高深的理工学知识。更值得关注的是，高中选择了物理学科，那么在报考大学时可选择的专业范围是最大的，更有甚者，报考大学里的很多文科专业都需高中学习通过物理。中学阶段的物理学习如此重要，那么中学物理的教学也显得尤为关键。

教学设计是教师进行实际教学前对教学进行有根据的计划和安排。好的教学设计，有利于教学活动的开展和教学目标的达成。但现在很多一线教师已止步于前人的教学设计，很少自己去设计，更别说创新。

随着时代在进步，新的教育理念不断涌现，那么教学设计也需要革新。SOLO 分类理论是符合现代教育理念的理论，也能给教学设计提供很大帮助。已有地理学科、化学学科及历史等学科尝试将 SOLO 分类理论应用于教学设计，并且效果不错，能提高并监控教学效果。物理学科教学设计也需要引入新的有成效的理论。

二、SOLO 分类理论应用于教学设计的理论依据

SOLO分类理论确认了五个不同的思维层次，即前结构、单一结构、多点结构、关联结构和抽象层次。研究表明，SOLO 分类理论可以指导教学的很多方面，特别是该理论的五个层次对于指导中学物理教学设计具有一定的优势。概括来讲，SOLO 分类理论可以指导中学物理教学设计，保证教学质量。

（一）可以科学地确定教学起点

要设计一个好的教学设计，科学地确定起点是至关重要的。在教学之前，教师要考虑到学生学习之前的状态：学生具备什么知识、学生的学习状态如何以及学生的学习风格怎么样，等等。通过分析学生的学情，能详细、具体地诊断出学生在新的课堂学习中可能存在的障碍和学习者的现有水平，也能为使新课堂教学活动有针对性地促使学生由其“现有发展区”向其“最近发展区”转变提供一定的依据。所以，科学地确定教学起点在教学设计中已成为必要、且关键的一个环节。SOLO 分类理论为教学起点的确定提供了新的理论依据。教师可从 SOLO 分类理论的能力、思维操作、一致性和收敛性、回答结构四个方面分析学生的已有知识、学习状态等，以确定学生学习前的学习水平是处于单点结构、多点结构、关联结构还是抽象拓展结构，为教学提供科学的依据。

（二）可以科学地分析教学目标

教学目标是教学的方向所在，是评价学习效果的基础和标准，也是在现代课堂教学中贯穿学习策略的依据之一。因此，设计教学目标也是教学设计中的重要一环。

教学目标也具有不同的层次，如知识性目标有“了解”“认识”“理解”“运用”等层次。但之前的研究表明，这些词的界定比较模糊，教师在实践的过程中不好把握。SOLO 分类理论也是按照复杂性程度分层的思维层次理论，可运用 SOLO 分类理论来分析教学目标层次，建立 SOLO 分类理论与目标层次间的关系，帮助教师深入理解、把握教学目标。因此，在确定教学目标之后，教师可依据 SOLO 分类理论分析每一节内容的教学目标，并且把教学内容按照 SOLO 分类理论进行细化。运用 SOLO 分类理论分析教学目标，可以帮助教师进一步地明确教学目标，把握教学的方向。同时，也有利于教师设计教学评价，把握评价的方向和标准。

（三）可以合理地选择教学方法

教学方法是教师为了实现教学目标，在有关原则的指导下，对所采取的教与学相互作用活动的总体考虑与实施的方法。如何选择合适的教学方法是教学设计的重要一环。教师在选择教学方法时，不仅要考虑内容，还要考虑学生，如：学生的原有基础、学生的学习动力等。

SOLO 分类理论可以帮助教师合理地选择教学方法。前面已经运用 SOLO 分类理论分析了教学起点和教学目标，明确了学生在学习前的 SOLO 水平以及学习后需要达到的 SOLO 水平。这就为教学方法的选择提供了依据，教师可以依据学生学习前后的 SOLO 思维层次特点，科学地选择教学方法，避免选择的盲目性。但是教学方法是多种多样的，同一教学内容的教学方法是不固定的，不同的教学内容还需根据内容的特点来选择教学方法。因此，教师可以根据自身的爱好、性格以及教学内容的特点等灵活选择教学方法。

此外，运用 SOLO 分类理论分析了教学目标后也就大致地排列了教学内容的复杂程度，为设定合理的教学顺序提供了依据。

第四章 中学物理课堂教学的技能探讨

教学技能是教师在课堂上运用专业知识、教学理论，按照课标的要求和既定的教学原则，进行课堂设计，教学研究和组织课堂教学活动的技能的手段。作为一名称职的中学教师，必须具备相应的教学技能，以保证在有限的时空中，有效地完成教学任务，使课堂教学达到最佳的教学效果。本章分为教学技能综述、中学物理课堂教学技能、中学物理课堂教学中的说课技能三部分。主要内容包括：中学物理课堂教学技能的内涵、中学物理课堂教学技能的分类、中学物理课堂教学技能的评价等方面。

第一节 教学技能综述

当今教师学历普遍较高，知识面也比较广，但教师的知识水平并不一定与其教学水平成正比。教师学习教学技能，提高教学能力，是提高教学效果的关键。自己懂得一个理论，让别人也懂得这个理论，自己掌握一个技能，帮助别人也掌握这种技能，这完全不是一回事。高明的大师是能用最简单语言阐明最复杂道理的人。教师上课要取得好的教学效果，需要具备以下教学技能。

①教学专业知识：包括本体性知识，即所教专业、对象、课程及与之交叉学科的知识；条件性知识，即教育学、教育心理学、教法论和课程论等方面的知识；相关文化知识，即哲学、文学、社科理论及自然科学理论等。

②教学专业技能：恰当的组织、设计教学内容，选择与运用教学方法的能力；实施、组织课堂教学，驾驭、控制课堂气氛和学生注意力的能力；还有因材施教的能力、语言表达与沟通能力、规范的板书与运用教学媒体的能力、学生学业检查和评估能力等。

③教学专业技巧：如课程导入技巧、重点强化技巧、提问技巧、组织讨论技巧等。

第二节　中学物理课堂教学技能

一、中学物理课堂教学技能的内涵

对教学技能的探究是伴随着教学基础的不断发展而来的。进入知识化时代后，对于知识和人才建设的需求日趋高涨，教育管理意识到学校教育的关键在于通过教学工作让学生从理论知识掌握和学习方法两个方面增加自身面对新问题和解决新问题的能力，既作为教育活动的主体如何通过一系列的有效活动来设计学习教育，那么对教学技能的探究就逐渐兴起了。就关于教学技能的探究来说最早所关注点就是课堂教学，因为课堂教学作为学校教育环节最重要的一环，如何让学生在课堂教学中学会科学知识，并根据所学到的科学知识“在观察、测量、预测、收集证据、解释及评估等学习具体内容的过程中逐步形成科学探究能力”成为各国教育改革的关注点。国外主要有结构式探究模式、社会学探究模式、生物科学探究模式、情景教学探究模式等几种教学技能探索模式，每一种探究模式有其内在的特点，而具体到每个学科门类上所设置的偏重点又有所不同。

二、中学物理课堂教学技能的分类

①从整个教学环节上来看中学物理教学技能的种类。中学物理教学技能与之相对应的必定是整个教学环节的如何开展，可以认为有教学目标的设定是否清晰具体，例如在整个物理课堂教学中教学目标是否涵盖了学生的认知习惯、学科特点、物理知识的主次分布等。

整个物理教材的把握上是否能够在选择上突出重点，在讲解过程中突破难点，在作业布置上体现关键知识点。在教学程序设计上课堂教学思路清晰、在学科纵身结构安排上脉络清晰。在教学方法上是否能够既使用多元化的教学手段方法又有依托现代教学理念的灵活性及创新的教学方法。在物理教师自身技能的分类上从板书设计、课堂备课教案水平、课堂语言体态展示、课堂教学工具的操作娴熟性，在教学结果上关注学生课堂教学氛围的互动性与学生受益程度。

②从整个物理课堂教学的时间环节上来看教师课堂教学技能的分类。中学

物理课堂包括课前、课中、课后三个时间环节，每个环节对物理教师的课堂教学技能的要求点也是不一样的。课前物理教学技能是指教师能否准确地理解与把握物理教材和教学目标，并根据重点、难点、关键点来准备课堂教学的备课与习题编制工作，课前物理教学技能是开展其他教学工作的前提与基础，如何有目的有步骤的展现教材内容成为课前教学技能的关键环节。课中物理教学技能是指教师根据课堂教学的环节从刚开始的知识导入、知识教授、知识提问、知识应变、知识演练、知识汇总、知识强化等一系列课堂教学中的环节把控调适能力。在整个课堂中教学技能的每个小环节又是相互交叉和影响的，其中的分类界限也不是绝对的，某些技能甚至是差别不大的。课后物理教学技能是指针对课前与课中教学效果的评价，评价的侧重点各有不同，就以学生为主体来作为参照物来看更多是指学生学习能力与学习效果上的教师与外部的认知能力。可见整个物理课堂教师教学技能的分类上存在着诸多交叉关联的部分，但是整体上看，教学技能的分类上围绕着教学目标实现、教学任务完成、教师能力提升、学生探究能力提高四个维度展开的，这是教学技能分类所要考量的最根本的因素。

第三节　中学物理课堂教学中的说课技能

一、中学物理课堂教学中的说课技能分类

按照中学物理教学的特点，将中学物理按说课内容不同分为新授课说课、实验课说课、复习课说课、讲评课说课。

新授课是以教师教授学生未知的概念、规律及其应用为教学目标的一种课型。为了达成该目标，教师可通过一定的教学手段（如联系生活实际、借用仪器等）促进学生对难点、重点的理解与把握，将新、旧知识融会贯通，以便构建完整的知识体系。

实验课是根据实验原理，借助于实验仪器探究或验证物理中的规律或者是测量数据。物理是一门实验的科学，任何结论的得出都要以实验作为基础。实验探究课既能帮助学生认识规律，又能锻炼学生的逻辑思维能力、动手能力、实验操作能力。在实验探究课中，学生的活动是推进课堂展开的动力，如何才能保证活动的顺畅展开应该是这类说课应该分析清楚的重点，采用不同的组织形式，不同的分组方式，不同的实验方案，实验探究中学生的活动程度截然不同，

而最恰当的形式正是我们在探究课形成中研究的重点。

复习课是对学习过的概念、规律或者实验等知识的回顾，通常出现在讲授完某一专题或者某一章节之后，也可能出现在学期末。复习课的主要目的有：对基础知识进行总结归纳、对典型例题进行反复强调、帮助构建及巩固学生的知识体系等。复习课能较好对某一个阶段的学习进行总结与提升，利用好复习课，有助于学生查漏补缺，从而形成完整的知识网络。讲评课指在月考、期中、期末等有具体评分的考试中，针对考生的考试成绩和试卷内容进行课上分析评价的课型。重点分析考情、学情、试卷区分度、难易程度及对考生进行查缺补漏的一种上课类型。

由于在日常教学、教研及比赛中，新授课和实验课运用得较多、较广泛，且在四种课型中也较为重要。

二、中学物理课堂教学中的说课技能评价

（一）新授课说课评价体系的构建

确定中学物理说课评价体系的评价指标具体实施步骤如下。

第一步：查阅并统计相关文献中出现的一级指标，结合物理说课的内容与要求得到所有备选的一级指标，每一个指标的重要程度可分为“很重要”“重要”“一般”“不重要”“可忽略”，并分别赋值 9 分、7 分、5 分、3 分、1 分。通过专家问卷筛选，统计每位专家选取的结果，计算得出算数平均值，最终选出较重要的指标作为一级指标。

第二步：对所确定的一级指标进行分析，得出各一级指标的评价标准（即二级指标），进行第二轮专家问卷的意见收集，并对结果进行分析，确定最后的二级指标。

1. 一级指标的确定

结合相关文献与说课的内容与要求，对物理新授课说课进行评价备选的一级指标经统计、整理后有：说教材、说教法、说学法、说学情、说教学程序、教师素质、说课效果、教学目标、教学手段、教学态度、板书设计、教学内容及重点难点等共 12 项。值得一提的是，在很多文献中对具有同样意义的一级指标往往有不同的表达方式。如“说教材”也称为“教材分析”或者“教材选择”等，“教师素质”又被称作“教学素质”“教学能力与艺术”或者“教师基本功”等。

在此结合说课的内容与意义以及在文献中表达方式出现的次数，最后选择

了如上所示的关键词作为备选的一级指标。将获得的12项一级指标设计成问卷，发放给40位专家（其中有22位具有长期教学实践经验的一线工作教师，18位教育学方面的副教授及以上职称的高校教师），并回收问卷进行重要程度分析，其统计表见下表4-1所示。

表4-1　一级指标重要性程度统计表

	重要程度频数					
	9分	7分	5分	3分	1分	均值
说教材	35	5	0	0	0	8.75
说教法	28	10	2	0	0	8.3
说学法	25	14	1	0	0	8.2
说学情	30	8	2	0	0	8.4
说教学程序	38	2	1	0	0	8.9
教师素质	20	18	2	0	0	7.9
说课效果	28	10	2	0	0	8.3
教学目标	0	25	9	6	0	5.95
教学手段	3	10	15	11	1	5.15
教学态度	3	10	22	5	0	5.55
板书设计	0	5	13	17	5	3.9
教学内容	2	13	17	6	2	5.35
重点难点	0	15	20	5	0	5.5

通过专家问卷调查结果的统计结果，选择重要程度重要及以上的指标作为一级指标，即将均值小于7分的指标删除。值得一提的是，专家在对这些指标的重要程度进行分析时指出：被选定为不重要的指标也是教师需要具备并且不断优化的技能。但是这些指标与较重要的指标之间有交叉从属关系。如重点难点可从属说教材；教学内容与说教学程序有交叉关系。

在统计、总结专家意见后，最终确定中学物理新授课说课评价的一级指标为：说教材、说教法、说学法、说学情、说教学程序、教师素质和说课效果。

2. 二级指标的确定

一级指标中各指标之间存在着相互联系、相互制约的关系，可将这些指标的关系理解为矛盾体。这些矛盾体选择的合理性直接影响着评价体系是否科学、是否真实可靠。因此，在二级指标确定之前，需先对各个一级指标进行进一步的分析。

①说教材。教材是教师和学生据以进行教学活动的材料，由专家及学者依据课程标准编写的，是教学内容的载体。教师要在教材的基础上，不断研究课程内容，拒做“教书匠”，而是成为一名研究型教师。在阐述教材地位和作用的基础上，对各个版本教材和知识进行整合与处理，以确保学生完成学习过程。根据教育评价量表制定的导向性原则，评价指标要与课程标准一致、与教学目标一致。（表 4-2）

表 4-2　“说教材”的二级指标设计

一级指标	二级指标
说教材	教材地位及作用
	教学目标及要求
	重难点
	教材编写意图

②说教法。教法是教学过程中所采用的教学方法。在说教法中，切不可不考虑教学实际，随意堆砌教学方法。在教法选择中，要结合学科特点、课程特点、教学内容特点、学生认知水平与教学条件等实际因素进行教法选择。要注意其合理性、实用性、教具选择是否恰当、教学组织是否恰当、是否能激发学生兴趣、是否有利于学生知识的掌握、能力的培养。根据教育评价表制定的科学性原则，教育评价表的设计应反映现代教学理念，引导师生教育教学观念的转变。（表 4-3）

表 4-3　“说教法”的二级指标设计

一级指标	二级指标
说教法	教法选择的合理性
	教学搭配的科学性
	教具、学具的选择

③说学法。关于学法的设计，根据新课标提倡的培养学生核心素养，不仅仅关注学生的学习结果，更注重学生的学习过程。培养学生的学科思维，养成良好的学习习惯、学会自主学习、合作学习、小组研究学习。从学生年龄特点和学科内容实际出发，说如何根据教学内容、围绕教学目标指导学生学习。（表 4-4）

表 4-4 “说学法”的二级指标设计

一级指标	二级指标
说学法	培养学生物理思维
	培养学生学习习惯
	激发学生学习兴趣
	调动学生自主思考
	能与教法相互配合

④说学情。学情是最基本的课堂教学资源，是对学生年龄特点、思维发展情况、学习方法及认知水平的认识。新课改要求教师教学要考虑学生身心发展特征、面向全体学生、培养学生的创造性和实践能力促进学生的全面发展。研读教材，选择教法，确定教学程序，离不开对学生具体情况的分析。根据教育评价量表制定的发展性原则，考虑不同历史时期、不同地区的差异性。（表 4-5）

表 4-5 “说学情”的二级指标设计

一级指标	二级指标
说学情	学生已有基础
	学生的生活经验
	学生的学习能力

⑤说教学程序。教学过程是课堂教学的最重要部分，也是说课中最重要的部分。通过教学过程的呈现，能直观反映教师的教学思想、教学设计、教学的风格、师生互动过程、生生学习过程。因此，对教学过程的阐述，能较全面地看到教学的编排是否合理、是否有利于促进学生的学习与发展、是否能够体现教学的教育性、科学性和艺术性。依照教学过程的逻辑顺序，根据教育评价量表制定的整体性原则，以整体的眼光来看待评价指标，把指标看成有机联系的整体。（表 4-6）

表 4-6 “说教学程序”的二级指标设计

一级指标	二级指标
说教学程序	课的导入
	教学思路、层次与结构
	教学时间安排
	教学高潮及特色
	教学小结及反馈
	课堂练习及课后作业

⑥教师素质。评价教师素质，是评委对教师的基本功，例如学术素养、语言、板书、教态等进行综合评价。根据教育评价指标的可测性原则，对一些抽象的、无法测量的目标，要通过一定的方式使之转化成可以间接测量的目标。（表 4-7）

表 4-7 “教师素质”的二级指标设计

一级指标	二级指标
教师素质	学术素养
	语言表达
	板书设计
	教态与着装

⑦教学效果。说课教学效果直接关系着教学效果的好坏。因此，使学生建立起本节课的知识之间的联系，突破重难点，是检验本节课教学效果的重要参考指标，也是教学要达到的最终目标。根据教育评价量表制定的超前性和可持续性发展原则，编制教育评价量表，不仅要着眼于现在教育活动，而且要注重发展性评价。（表 4-8）

表 4-8 “说课效果”的二级指标设计

一级指标	二级指标
说课效果	建立新、旧知识的联系
	难点的突破
	重点的掌握

将获得的 7 项一级指标，28 项二级指标设计成问卷，重新发放给上述 40 位专家，并回收问卷进行重要程度统计与分析，二级指标重要程度统计表如表 4-9 所示。

表 4-9 二级指标重要性程度统计表

一级指标	二级指标	重要程度频数					均值
		9 分	7 分	5 分	3 分	1 分	
说教材	教材地位及作用	20	18	2	0	0	7.9
	教学目标及要求	32	8	0	0	0	8.6
	重难点	38	2	0	0	0	8.9
	教材编写意图	0	1	12	22	5	3.45
说教法	教法选择的合理性	32	4	4	0	0	8.4
	教法搭配的科学性	20	8	12	0	0	7.4
	教具、学具的选择	20	5	15	0	0	7.25

续表

一级指标	二级指标	重要程度频数					均值
		9分	7分	5分	3分	1分	
说学法	培养学生物理思维	12	20	8	0	0	7.2
	培养学生学习习惯	14	25	1	0	0	7.65
	激发学生学习兴趣	10	24	6	0	0	7.2
	调动学生自主思考	11	19	10	0	0	7.05
	能与教法相互配合	8	10	22	0	0	6.3
说学情	学生已有基础	34	4	2	0	0	8.6
	学生的生活经验	30	5	2	3	0	8.1
	学生的学习能力	28	10	2	0	0	8.3
说教学程序	课的导入	25	9	6	0	0	7.95
	教学思路、层次与结构	37	3	0	0	0	8.85
	教学时间安排	25	5	10	0	0	7.75
	教学高潮及特色	21	2	14	3	0	7.05
	教学小结及反馈	18	13	9	0	0	7.45
	课堂练习及课后作业	23	12	5	0	0	7.9
教师素质	学术素养	26	10	4	0	0	8.1
	语言表达	24	10	6	0	0	7.9
	板书设计	25	5	5	5	0	7.5
	教态与着装	21	9	6	1	3	7.2
说课效果	建立新、旧知识的联系	30	10	0	0	0	8.5
	难点的突破	24	5	11	0	0	7.65
	重点的掌握	32	5	3	0	0	8.45

通过专家问卷调查结果的统计结果，选择重要程度重要及以上的指标作为二级指标，即将均值小于7分的指标删除。删掉的指标有：说教材中的教材编写意图，说学法中的能与教法相互配合。因此，最终共得出7项一级指标，26项二级指标，如表4-10所示。

表4-10　比较所得一级指标与二级指标统计表

一级指标	二级指标	一级指标	二级指标
说教材	教材地位及作用	教学程序	课的导入
	教学目标及要求		教学思路、层次与结构
	重难点		教学时间安排
说教法	教法选择的合理性		教学高潮及特色
	教法搭配的科学性		教学小结及反馈
	教具、学具的选择		课堂练习及课后作业

续表

一级指标	二级指标	一级指标	二级指标
说学法	培养学生物理思维	教师素质	学术素养
	培养学生学习习惯		语言表达
	激发学生学习兴趣		板书设计
	调动学生自主思考		教态与着装
说学情	学生已有基础	说课效果	建立新、旧知识的联系
	学生的生活经验		难点的突破
	学生的学习能力		重点的掌握

（二）实验课说课评价体系的构建

物理实验是根据一定的研究目的，运用科学仪器、设备，人为地控制、创造或纯化某些物理过程，使之按预期的路径发展的一项教学活动。物理实验课可以使学生获得丰富的感性知识，加深学生对物理概念、原理和定理的理解；可以培养学生的观察能力、思维能力；可以使学生初步了解物理学的思想方法、研究方法，培养学生实事求是的科学态度。然而中学生缺乏空间想象能力，缺少总结能力。因此教师如何在教学中让更多学生参与到实验的过程中，去亲身感受物理现象的发生，以及产生的结果是教育学者们一直研究与讨论的重点。而构建中学物理实验课说课评价体系，能够较为全面、真实反映教师的物理实验课教学水平，并促进教师不断改善物理教学过程，同时也能有效地促进学生对物理实验的学习。

1. 一级指标的确定

经查阅文献发现，此前并没有针对中学物理实验课说课的评价体系的相关报道。因此，为了获得科学的一级指标，首先对物理实验课的说课稿进行了分析与统计。大部分物理实验说课稿依旧按照新授课的模式：主要包括说教材、说教法、说学法、说学情、说教学程序、课后反思等几个方面。本节就实验课的特点结合高中物理新课程的目标与理念，拟定待选的一级指标有：说教材、说实验教学目标、说实验背景、说实验教学内容设计、说实验方法设计、说实验教学过程、说学情、教学反思、教师素质、说课效果、说实验课前准备、板书设计、说实验重点与难点、说实验教学方法等 14 项。按照上文的介绍，将该 14 项设计成问卷并发放给 40 位专家，然后回收问卷进行重要程度统计。（表 4-11）

表 4-11　一级指标重要性程度统计表

	重要程度频数					均值
	9 分	7 分	5 分	3 分	1 分	
说教材	10	16	14	0	0	6.8
说实验教学目标	28	6	6	0	0	8.1
说实验背景	25	10	5	0	0	8.0
说实验教学内容	26	8	6	0	0	8.0
说实验方法设计	30	7	2	1	0	8.4
说实验教学过程	36	4	0	0	0	8.8
说学情	15	13	3	9	0	6.7
教学反思	0	20	12	8	0	5.6
教师素质	18	19	3	0	0	7.75
说课效果	24	10	6	0	0	7.9
说实验课前准备	10	10	18	2	0	6.4
板书设计	0	2	20	10	8	3.8
说实验重点与难点	14	15	6	5	0	6.9
说实验教学方法	30	6	4	0	0	8.3

对专家问卷调查的结果进行统计，选择重要程度 7 及以上的指标作为一级指标。考虑到实验课的特殊性，结合专家的意见，在实验课的说课评价体系中，将说教材分解为具体地说实验教学目标与说实验背景可能更加合适。而说实验的重点与难点可以并入说实验教学内容设计中去，说学情并入说实验教学内容设计中。因此，最终确定中学物理实验课说课评价标准的一级指标为：说实验教学目标、说实验背景、说实验方法设计、说实验教学内容设计、说实验教学过程、教师素质、说课效果、说实验教学方法设计，共 8 项。其中，教师素质与说课效果二项与新授课中的一级指标是相同的。

2. 二级指标的确定

说实验教学目标：实验教学目标对实验起着导向、反馈和调节作用，是实验教学的出发点和归宿，也是实验教学评价的基本依据。任何一个物理实验课题都包含有思维的教学目标，即形成物理观念、培养科学思维、培养科学探究意识、树立正确的科学态度。（表 4-12）

表 4-12　“说实验教学目标”的二级指标设计

一级指标	二级指标
说实验教学目标	形成物理观念
	培养科学思维
	培养科学探究意识
	树立正确的科学态度

说实验背景：中学生物理知识不丰富，又很少有动手的机会。若能让学生明白为什么要做该实验，以及明确该实验来源于哪个物理现象，及其在物理中的地位与作用。将有效的帮助学生完成从理论到实践的过渡，建立起一座连接理论与实践的桥梁。（表 4-13）

表 4-13　“说实验背景”的二级指标设计

一级指标	二级指标
说实验背景	进行实验的原因
	实验的地位与作用

说实验方法设计：设计的实验方法应该在保障安全的前提下，真实、客观地反映和揭示概念规律，能让学生主动参与到实验中来，勤于思考，乐于探究，把实验现象与自己的原有知识、生活经验联系起来，去认识、理解和掌握新现象、新概念、新知识。可能的方法有（但不仅限于）：分组实验法、实验探讨法、讨论归纳法、练习检测法、作图分析法等。（表 4-14）

表 4-14　“说实验方法设计”的二级指标设计

一级指标	二级指标
说实验方法设计	设计方法的安全性
	设计方法的探究性
	设计方法的简单性
	设计方法的趣味性
	设计方法的社会性

说实验教学内容设计：对于中学生而言，他们对自然界以及物理世界的认识只停留在表面上，还未达到全面深入的认识程度。他们的思维也正在从形象思维向抽象思维转变中。他们在日常生活中形成的某些观念，多数情况下是片面的，因而对物理概念的形成和物理规律的掌握会产生干扰。因此，实验教学内容应以学生的知识储备为基础，结合学生的生活经验。理解他们所学的知识，帮助学生纠正认知上的错误。此外，该部分还应该突出实验的难重点。（表 4-15）

表4-15 “说实验教学内容设计”的二级指标设计

一级指标	二级指标
说实验教学内容设计	符合学生的知识基础
	符合学生的认知困难
	突出重难点

说实验教学过程（说教学程序）：实验过程是说实验课的重点，因为只有通过教学过程的分析，才能看到说课教师独具匠心的教学安排。听者也是通过这一过程了解说课老师的实验教学是否科学、合理。（表4-16）

表4-16 “说实验教学过程（说教学程序）”的二级指标设计

一级指标	二级指标
说实验教学过程	实验导入
	实验流程
	实验数据处理
	实验现象分析
	教学小结及反思

说实验教学方法设计（说教法）：为保证物理实验的顺利进行和实验者的安全，让学生掌握基本的实验方法和操作技能是至关重要的。说课者可通过讲授法、演示法、自主学习法及讨论法等方法进行教学。（表4-17）

表4-17 “说实验教学方法设计（说教法）”的二级指标设计

一级指标	二级指标
说实验教学方法设计	教学方法设计的合理性
	教学方法设计的有效性
	教学方法设计的创新性

评价教师素质，就是各个评委对说课教师的学术素养、语言、板书、教态等进行评价。（表4-18）

表4-18 “教师素质”的二级指标设计

一级指标	二级指标
教师素质	学术素养
	语言表达
	板书设计
	教态与着装

说课是提高教师素质的途径，也是提高课堂教学效果的手段。因此。说课的好坏直接影响着教学效果的好坏。学生能将掌握课堂上所教的知识并能将其

熟练运用是说课需要达到的最终目标。（表 4-19）

表 4-19　“说课效果”的二级指标设计

一级指标	二级指标
说课效果	掌握实验方法
	理解实验原理
	提升分析、动手能力
	突破重难点

将获得的 8 项一级指标，30 项二级指标设计成问卷，重新发放给上述 40 位专家，并回收问卷进行重要程度统计与分析，二级指标重要性统计表如表 4-20 所示。

表 4-20　二级指标重要性程度统计表

一级指标	二级指标	重要程度频数					均值
		9 分	7 分	5 分	3 分	1 分	
说实验教学目标	形成物理观念	28	8	4	0	0	8.2
	培养科学思维	25	5	10	0	0	7.75
	培养科学探究意识	29	5	6	0	0	8.15
	树立正确的科学态度	30	3	7	0	0	8.15
说实验背景	进行实验的原因	21	10	5	4	0	7.4
	实验的地位与作用	22	8	10	0	0	7.6
说实验方法设计	设计方法的安全性	30	10	0	0	0	8.5
	设计方法的探究性	25	5	10	0	0	7.75
	设计方法的可操作性	31	8	1	0	0	8.5
	设计方法的趣味性	21	8	2	9	0	7.05
	设计方法的社会性	21	5	10	4	0	7.15
说实验教学内容	符合学生的知识基础	30	10	0	0	0	8.5
	符合学生的认知困难	28	10	2	0	0	8.3
	突出重难点	26	11	2	1	0	8.1
说实验教学过程	实验导入	28	10	2	0	0	8.3
	实验流程	35	5	0	0	0	8.75
	实验数据处理	28	2	10	0	0	7.9
	实验现象分析	31	8	1	0	0	8.5
	实验小结及反思	26	8	4	2	0	7.9
说实验教学方法	教学方法设计的合理性	30	2	8	0	0	8.1
	教学方法设计的有效性	34	1	5	0	0	8.45
	教学方法设计的创新性	24	5	8	2	1	7.45

续表

一级指标	二级指标	重要程度频数					均值
		9 分	7 分	5 分	3 分	1 分	
教师素质	学科素养	31	6	3	0	0	8.4
	语言表达	25	12	3	0	0	8.1
	板书设计	15	5	10	6	4	6.05
	教态与着装	20	5	15	0	0	7.25
说课效果	掌握实验方法	28	7	5	0	0	8.15
	理解实验原理	31	6	3	0	0	8.4
	提升分析、动手能力	25	5	10	0	0	7.75
	突破重难点	8	12	15	5	0	6.15

通过专家问卷调查结果的统计结果，选择重要程度重要及以上的指标作为二级指标，即将均值小于 7 分的指标删除。删掉的指标有：教师素质中的板书设计，说课效果中的突破重难点。因此，最终共得出 8 项一级指标，28 项二级指标，如表 4-21 所示。

表 4-21　比较所得一级指标与二级指标统计表

一级指标	二级指标	一级指标	二级指标
说实验教学目标	形成物理观念	说实验教学内容	符合学生的知识基础
	培养科学思维		符合学生的认知困难
	培养科学探究精神		突出重难点
	树立正确的科学态度	说实验教学方法	教学方法设计的合理性
说实验背景	进行实验的原因		教学方法设计的有效性
	实验在教材中的地位		教学方法设计的创新性
说实验方法设计	设计方法的安全性	说实验教学过程	实验导入
	设计方法的探究性		实验流程
	设计方法的可操作性		实验数据处理
	设计方法的趣味性		实验现象分析
	设计方法的社会性		实验小结及反思
教师素质	学科素养	说课效果	掌握实验方法
	语言表达		理解实验原理
	教态与着装		提升分析、动手能力

第五章　中学物理课堂教学的模式构建

根据教育发展的规律和要求，中学物理传统的教学模式已不能满足课程发展的需要，必须对物理教学模式进行创新，做出必要的转变。中学物理教学模式的研究是中学物理课程和教学领域的重要一环，中学老师应结合自身一线教学经验的优势，把教学与研究相融合，以教学促进研究，以研究指导教学。本章分为中学物理课堂教学模式综述、中学物理翻转课堂教学模式的构建两部分。主要内容包括：教学模式的基础理论、中学物理教学模式改革的现状、翻转课堂相关概念、翻转课堂教学分析与设计等方面。

第一节　中学物理课堂教学模式综述

一、教学模式的基础理论

（一）教学模式的概念与特点

1. 教学模式的概念

教学模式，一般可定义为在特定的教学思想、教学理论和学习理论指导下建立起来的较为稳定的教学活动的结构框架和活动程序，以完成既定的教学目的和内容为目标。作为结构框架突出了教学模式，从宏观上把握教学活动整体及各要素之间内部的关系和功能；作为活动程序则突出了教学模式的有序性和可操作性。结构框架与活动程序两者需要有机地结合，组合在一起投入实践中。

教学模式简要可以概括成两个方面。

①以特定的教学思想、教学理论和学习理论作为指导。

②最终目标是要完成教学目标与教学内容；结构框架与活动程序两者需要

有机地结合，组合在一起投入实践中。

2. 教学模式的特点

教学理论以教学模式为形体，落地发展成为教学实践，教学模式是教学理论的切实应用，同样也是教学实践的核心指导，教学模式是教学实践理论化的体现，同样也是教学理论实践化的代表，教学模式、教学理论、教学实践三者相互促进、相互影响，只有同时将三者丰富与完善，才能真正做好教育改革，教育事业才能脚踏实地地稳步前进。

（1）可操作性

教学模式必须具备较强的可操作性，教学理论通过它转化为教学实践，模式能将实践与理论中最精要的部分以最简练的方式提取处理，再组编汇合。模式比理论要具象化得多，能十分清晰、全面地展现教学程序的全部脉络，方便教师与学生共同阅读理解，模式也比实践抽象化一些，它不局限于应用到单个案例之中，所有教学案例中的共性，安排教学规划时的规律也会在模式中体现出来；与此同时，教学模式是一线教育工作者和教育研究人员根据大量教学实践的经验整理、总结得出，具备理论性的同时，也具备相当的实践性，是大量教学实践的产物，这使得模式具有相当的可操作性，便于教师上手、理解、融汇，再应用于实际课堂，所以，相当的可操作性是教学模式的一大特点。

（2）简练性

要得出一套完整的教学模式体系，必须依赖于精简的语言名称和清晰的逻辑条理，教学模式也往往是由教育研究人员基于相关的理论研究和实践证明，进行普遍化的抽象和提炼得出，因而具有相当的简练性。这不仅是因为教学模式要从宏观层面展现教学活动的整体与各个要素之间的内在的关联与特性，这对模式的简练程度提出了较高的要求，所以，有时教学模式又可以使用流程图、树状图来表达各个关联环节之间的逻辑联系。简练性一方面是理论与实践里精要融合的代表，一方面也为传播、交流、改良提供了程序上的极大便利，另一方面，较强的简练性也是教学模式的重要特点。

（3）针对性

教学模式的总结和归纳，本质上是要解决或者说是达到一个特定的教学目的，因此并不存在一套万能的教学模式可以解决一切教学目的，进一步讲也不存在一套永久最优解的教学模式，严谨地讲，在特定的前提条件下，我们能找到一套能够满足特定教学目标的有效的局部最优解的教学模式。因此，教学模式要对应不同类型教学目的的特性，以便于选用最适合的模式处理。只要能够合理运用其较强的针对属性，加之选择得当，就能较高效率地满足目的。

（4）进步性

良好的教学模式不可能是一成不变的，虽然保持结构框架的稳定十分重要，但稳定并不等同于僵化。教学模式应该是一门持续进步的模式，是一门拥有自我完善能力的模式，它会随着时代背景的更换、教育理念的变革、教育目的的调整，而自我变化，并且是向着顺应时代对于人才和知识的要求、更好地培养相关领域人才的方向进化，当教学模式时时刻刻处在一种动态的平稳中时，才能保证教学模式的有效化与现代化，在教师运用成熟的教学模式时，是其进步性保证了最前沿的理论能够得到应用，确保了实践得出新经验融于模式中去，故教育模式的进步性是教学模式的关键性特点。

（5）完备性

成熟的教学模式应具备一套完整的体系运作，包括目标、程序、调整机制、构架、核心思想等各种内容，模式是联系教学实践和教学理论的基石，完整的运作机制可以确保各个要素运作正常，保证理论可以通过模式落实到实践中去。教学模式的完备属性能够帮助教师完整地掌握教育模式的各个环节和要素，从教学环节的开始到结束，进而充分提升自己各个教育环节的执行水平和效果，这也对提升教育质量和教学水准至关重要。

（二）教学模式的构成因素

1. 理论依据

不同的教育观往往提出不同的教学模式，传统教学模式依据实用主义教学理论，强调知识的传授，以讲授法为主，教师起主导作用，难以充分体现学生的主体地位。而新型的教学模式从认知心理学和人本主义心理学的角度出发，更注重学生学习力的发展，在教学过程中，能够保证在教师主导下的学生主体地位；在教学方法上，更强调自主探究式的研究性学习和合作学习。

2. 教学目标

不同教学模式都是为完成一定的教学目标服务的。传统的教学模式以大纲和教材规定的目标为目标，主要关注学生掌握知识的多少；而新型的教学模式把教学目标定位于学生的全面发展，不仅学习知识，还要培养个性，塑造独立的人格。

3. 操作程序

传统的教学模式是按照课前准备好的教学设计方案进行程序操作，不会有太大的变动；而新型教学模式的课堂是生成性的，教学程序需要根据具体教学情况随时进行调整，使其更满足学生学习需要。

4. 实施条件

传统的教学模式基本都是课堂教学，其教学手段也比较单一；而新型的教学模式充分利用了多媒体技术和网络设备，使学生的学习不再拘泥于课堂，他们可以自主安排时间和地点进行在线学习。

5. 教学评价

教学评价是指教学模式完成教学任务、达到教学目标的评价方法和标准，每一种教学模式都具有适合于自己特点的评价方法和标准。传统的教学模式强调学生对知识的掌握情况，一般通过考试，以学生的成绩进行评价；而新型的教学模式在测评学生成绩的同时，也关注学生核心素养的发展水平。

（三）对传统教学模式的分析

1. 传统教学模式

西方教育史上把赫尔巴特的教育思想称为传统教育，他创造出由准备、引导、联系、归纳、实践所构建的教学模式，并在 19 世纪末传入中国。从心理学角度分析发现，人的本性是中性而被动的，在传统教学模式中，学生大多以被动接受的模式接收外界信息。依据赫尔巴特的教学思想和教学模式结构，苏联教育家凯洛夫提出了由组织教学、引入新课、讲授新课、复习巩固、布置作业组成的课堂教学结构。传统的物理教学模式是由教师、学生、物理世界以及教学媒体这四个要素构成的，这几个要素并不是简单地拼凑在一起，而是在传统教学思想和理论指导下相互联系、相互作用，建立起来的较为稳定的教学程序框架结构。

2. 传统教学模式的优缺点

目前中学物理教学普遍采用的是"启发—引导""自学—讨论"等传统教学模式。这些教学模式基本都是以课堂教学为主，在统一规范的时间和固定的空间内，运用讲授、问题引导、设计实验等方法展开教学，这种模式能充分发挥教师的主导作用，使学生在短时间内接收大量的信息，提高知识储备以及抽象思维能力，更有利于高效培养大批量的知识型人才，快速提高学生的认知水平，还能培养学生的纪律性。

但是在如此短的时间内，学生对所接收的信息只能勉强记住，却很难做到真正地理解其内涵，只注重知识的传递，忽视了其他方面的发展，容易影响学生对物理科学的热爱和正确价值观的形成。教学过程中，教师大多时候只是单纯讲授，缺乏教学实践环节，忽视学生的直接经验，不能体会发现创造的乐趣，会造成学生发展的不全面，不利于培养创新型人才，遏制了学生创新的热情，不利于培养解决实际问题的能力。传统的教学模式难以凸显学生的主体地位，制约了学生的主动思考、独立创新和自主学习，不利于学生终身学习的需要。只有依据物理学科的特点，构建丰富的教学模式，并且使它们互为补充，相互融合，才能更好地为提高教学水平服务。

（四）对新型教学模式的分析

1. 新型教学模式

新型教学模式是突破了传统教育观念，摒弃了传统教育模式以教师、书本和课堂为中心的三中心论，在某种环境中开展的相对稳定的教学活动结构，真正树立以学生为主体、教师为主导的现代教育思想。随着知识经济的迅猛发展，对创新型人才的需求不断增加，也确立了创新型教学模式在素质教育中的重要地位，对于学生创新能力的培养也成了教学任务的主题之一。

2. 新型教学模式的优缺点

新型教学模式是在传统教学模式不能满足现实需求的基础上发展的，依据“以人为本”的教育思想，从实际出发，设计“以学生为主体”的教学活动形式，在很大程度上弥补了传统教育形式单一、缺乏实践等缺陷。

新型教学模式摒弃了传统教育过分强调教师主导作用的做法，以教师为指导，依托现代网络技术和媒体技术，学生在更加开放的环境中自主学习，自主探究，自主成长。在发现问题、研究问题、解决问题的学习活动中体验学习的乐趣，感受科学的奥秘，培养创新的精神。学生从过去“被动的学习”转换为“主动的学习”，不仅体现了学生的主体地位，也有助于培养主动学习的精神和良好的学习习惯，为终身学习打下基础。

新型教学模式还打破了传统教育以“课堂讲授为主”的教学模式，依托现代网络技术的发展产生了一些新型教学模式，如“翻转课堂”教学模式。在教师的指导下，学生在课堂以外的时间、地点进行自主学习，掌握相关的基础知识，课堂上教师不再讲授知识点，而是让同学之间相互交流学习心得，讨论未解难题。学生在物理教师的指导下独立思考、合作探究、共同完成学习任务。学生在自主学习过程中离不开计算机网络的支持，这也促进了“慕课”“微课”等网络课程的发展，拓宽了人们获取知识的途径，同时也有助于发展更多的新型教学模式。

然而这些新型教学模式存在的不足也制约其发展。首先，新型教育模式需要学生利用计算机网络搜集学习资料，但是在我国的许多地区经济发展落后，网络环境的全覆盖实施起来比较困难；其次，在网络覆盖的区域，要建设一个学生与教师时时互动交流的平台也是一项比较困难的工程；再者，学生的学习习惯和积极性存在差异，无法保证他们是否能完成自主学习的任务；更重要的是，在新型教学模式中，还没有完善对学生时效性学习效果评定的标准，这些都制约着新型教学模式的发展。在教学实践中，要具体问题具体分析，循序渐进的解决新型教学模式中的不足，使其更好地为培养创新型人才服务，促进学生的全面发展。

（五）教学模式的选择与建构

教学模式的选择决定因素有很多，包括复杂的教学过程、丰富的教学内容、多样的教学任务等。在教学过程中，学生的当前疑问、教师的临时发挥，甚至是外界的突然干扰，都是我们无法预知的变量，再包括教学内容可能涉及的诸多领域，以及文理科的渗透，在很大程度上都影响教学模式的选择和构建，而且还要兼顾教育三维目标：知识与技能、过程与方法、情感态度与价值观，使得单一教学模式根本无法完成所有的教学任务。

任何教学模式的构建，都离不开理论的指导和实践的基础，任何教学模式都会体现一定的教学思想和教学价值，更不能脱离具体教学实践活动的验证和修改。为满足当前迅猛发展对人才的要求，教师应该积极学习先进的教育理论，关注教育科研的前沿动态。我国实施素质教育和课程改革主要关注的是人的全面发展和素质教育，依据建构主义学习理论、人本主义学习理论等，这也应该是教师构建教学模式的指导思想。

二、中学物理教学模式改革的现状

（一）中学物理教学模式改革的现状

教学模式改革一直是中学物理教育的焦点话题之一，中学物理新课程改革对教师和学生都有了新的要求：教师不仅要教给学生物理基础知识和自主学习的方法，还应培养其独立思考、解决问题的能力，以及对待物理科学的正确态度；学生在掌握科学知识的同时，还要学会科学探究方法，了解科学、技术、社会、环境之间的交互作用，树立正确的人生观、价值观。但在中学物理教学模式改革中仍存在以下问题。

1. 树新旗走老路

在教学模式改革的实践过程中，有些物理教师缺乏对现行教育政策的研究，不能理解改革的内涵；在科学教育理论的指导下，对教学环节和运行程序的创新性改革。他们打着新课程改革的旗帜，依旧走在传统教学模式的老路上，不能体现学生的主体地位，缺乏自主探究的实践活动，使得新课程标准很难全面落实。

2. 理论脱离实际

我国教学模式改革的理论研究者通常是师范院校的教师或教研机构的学者，他们主要通过社会调查、理论分析等方式进行研究，缺乏教学实践经验，对物理课程各模块的特点掌握不全面，不能很好地将课程改革与课堂教学的各个环节紧密联系起来，难以获得学生在课堂教学活动中的第一手反馈信息，脱离了教学实践的基础，新课程改革和教学模式改革都很难全面发展和推进。

3. 理想与现实存在差距

中学物理教学模式的改革与创新不仅受到教学资源、教学环境、学生数量等因素制约，还要根据区域经济、社会、人文等方面的发展进行，不能盲目地追求理想化的教学效果。比如某些新型教学模式的实施，需要有网络化教学环境的支撑，但目前很多农村学校很难具备这样的条件，根本无法进行改革发展，那些培养学生主动学习、科学探究、创新思维等想法都只能是空谈。

4. 教学模式改革与创新的必要性

为了跟上新时代的社会发展步伐，满足知识经济体制对“创新人才”的需求，应该注重培养学生的创造性和批判性思维，提高自主学习和实践操作的能力，这些都要求广大教育工作者要积极探究创新型教学模式，学习先进的教学理念，探寻实际的教学问题，充分地将教育理论与教学实践相结合，重视学生个性的发展，培养学生核心素养，更好地促进学生的全面发展。

（二）教学模式改革的注意事项

传统教学模式重解题、轻动手、重分数、轻创造，束缚了孩子的全面发展，难以适应现代化社会发展对人才需要，所以中学物理教学模式的改革和创新是必要的，也是刻不容缓的。但考虑到物理课程综合性和实践性等特点，没有哪种教学模式能够一劳永逸地解决基础教育的所有问题，所以确定改革的教育理念、设计课堂教学环节次序和激发教师的实践操作创造力都是教学模式改革的基础，而这种理性思考恰恰是中学教育主管部门和部分教师所欠缺的，因此教学模式改革应遵循以下几个原则。

1.“多角度、严要求、重发展”的原则

在对某种教学模式进行教学评价时，要多角度的考虑它的教育理念、教学目的、教学过程、实施条件以及操作程序，严格按照相应的评价方法和标准的要求，分析学生参与学习的程度、教师完成教学任务的程度，以及学生对该模式的意见和建议，进行科学的教学评价。要突出学生的主体地位，重视学生终身学习发展，创建成熟的教学评价模式。

即使单一化、模式化的教学模式不能满足现代教学实际的需求，但是有些人把教学模式的改革与创新直接理解为再造教学模式，完全摒弃传统课堂教学的做法，也是盲目的、不客观的。他们忽略了教师的重要作用，一味地追求以学生为主体，虽然在很大程度上可以发挥学生学习的主观能动性，培养学生自主学习和实际操作能力，但是缺乏教师的指导，容易导致学生知识点混乱，思维发展受局限。如此一来就与教学模式改革的中心思想相背离，不能实现有效教学，所以在教学实践中，要多种教学模式相互补充、互相配合，共同完成教学任务。

2.“以教师为指导，学生为主体”的原则

从人本主义学习理论分析，学生学习知识的动因是自身的需求，从建构主义学习理论分析，学生获得知识的途径是自己的建构，实用主义学习理论的创始人杜威也提出“从做中学”的教育思想。这些都指引着中学物理课程改革的方向，在教育教学过程中，要体现学生的主体地位，教师不再是传授知识的媒介，不再是课堂的主宰，而是探究科学的指南针，是探索之路的向导。学生要在教师的指导下实现自主学习、自主探究和自主创新，在储备物理知识的同时发展自身的探索能力，开拓思维，努力创造。

3.“物理学科的核心素养”得到发展的原则

物理核心素养是学生在接受物理教育过程中逐步形成的适应个人终身发展和社会发展需要的必备品格和关键能力，是学生通过物理学习内化的带有物理学科特性的品质，是学生科学素养的关键成分，主要包括：物理观念、科学思维、实验探究、科学态度与责任。教学过程中，要引导学生从物理学的视角观察、认识物质，升华物理概念和规律，形成“物理观念”，分析推理科学事实，培养“科学思维”，经历探究过程，学习科研方法，提高“实验探究”的能力。另一方面，要引导学生关注科学与技术、社会、经济、环境之间的关系，深化学生认识和探索自然的积极情感体验，形成敢于坚持真理、勇于创新和实事求是的科学态度和正确的价值观。

4.“结合教育方针政策，符合教学实践基础”的原则

社会经济、科学技术、政治主张等方面的发展影响教学模式的改革与创新，政治主张决策教学模式的改革方向，而没有经济基础和科学技术支持的教学模式的改革与创新也根本无法落实。另一方面，教学模式改革与创新的发展水平也制约着社会经济和科学技术的发展，同时牵制着政治方向。不能脱离社会谈发展，也不能脱离科技谈创新，更不能脱离具体教学条件谈改革，要以培养社会经济发展所需人才为出发点，依据教学思想的指导，设计切实可行的物理教学模式。

5.“条理性、科学性、应变性、稳定性”的原则

教师、学生、教学内容、教学方法、教学时间、教学策略等都是教学实践操作程序的重要因素，每种教学模式都有其特定的逻辑步骤和操作程序。在教学模式改革与创新的过程中，要依据课程内容特点和教学目标，注重各因素间科学的相互作用，保障学生的主体地位，运用合理的教学方法，有条理的安排教学步骤，并能对教学过程中临时出现的特殊情况迅速地做出应变对策，使教学模式具有稳定性才能达到预期的教学效果。

（三）教学模式改革与创新促进教育事业的发展

物理教师在教学中要转变教学思想、教学目的和教学活动程序，创造有效教学模式，构建高效教学课堂，改变学生学习方式，实施有效教学策略，提高教学质量。通过教学模式的改革与创新解决了教育教学中存在的诸多问题，主要体现在以下几个方面。

1. 培养创新型人才

依据社会对人才的需求分析，创新型人才的培养是教育事业所面临的重要问题，通过对当前教学模式改革与创新的研究，改变以往教学过于程序化和模式化的结构，更多的关注学生的学习方法和思维方式，鼓励学生设计物理器具，解决生活实际问题，激发他们的创新热情和欲望，培养创新型人才。

在探索教学模式改革与创新的道路上，不仅要发挥物理教师的主观能动性，积极创新、大胆实践，还要考虑中学生的个性发展水平和认知规律，在符合当前教育思想和学生正确价值观构建的前提下，充分发挥传统教学模式中教师的积极作用，结合新型教学模式自主化、网络化的特点，二者相互渗透，构建先

进的教学模式，实施有效的教学活动，培养学生的学习兴趣，锻炼学生的实践能力、陶冶学生的高尚情操、激发学生的创造热情，同时还能提高教师的综合素质、提升教学水平，保障教学任务的有效完成。

2. 全面提高教师的综合素质

传统的教学模式教学手段单一，内容枯燥，教师主要以板书配合讲解的方式进行授课，对多媒体教学设备利用不够，对教师的素质要求相对较低。通过对教学模式的改革与创新研究，调整了课堂教学的操作程序和实施条件，这必然要求提高教师队伍的综合素质。教师要灵活的运用教学方法、熟练地使用多媒体计算机、深入地学习教育心理学知识，提升教学探索的责任感和使命感，更好完成教育教学工作。

3. 培养学生自主学习的能力

传统教学以教师传递知识为主，学生多数时间被动接受，缺少自主思考、独立探究的机会。通过对教学模式改革与创新的研究发现，增加学生实践的环节，经历科学发现的过程，学习实验探究的方法，锻炼总结经验获得新知的能力，逐渐培养学生自主学习的能力和意识，为其终身学习和发展打下坚实的基础。

第二节　中学物理翻转课堂教学模式的构建

一、翻转课堂相关概念内涵、特征与优势

（一）翻转课堂的内涵

翻转课堂的“翻转”是相对于传统教学而言的，其内涵是教学内容与教学目标的翻转，是知识转移与知识内化的逆转。它是照顾所有学生、将学生置于主体位置、引导其自主学习、构建自由开放的教育平台、促进教育公平、产生教学目标、关心学生健康人格培养的一种教学模式。吉林大学赵俊芳、崔莹总结了翻转课堂内涵的三种观点：“翻转课堂是课堂内外时间的调整；翻转课堂是知识传授和知识内化的翻转；教学视频是翻转课堂的核心。”尹雪奇提出翻转课堂有以下特征：“①次序颠倒，时间重分配；②师生角色的改变；③学习不受时间、地点的限制；④资源的高效利用。”

与传统课堂相比，它的教学角色发生了改变，以前教师负责组织教学相关

活动，是传递知识的人，也是课堂的主导，而现在教师是组织者和促进学生开展活动的人。学生自己动手进行探索活动，教师只负责指导答疑。课堂形式发生了改变，以前教师在课上讲授新知识，学生在课后进行巩固拓展，对知识进行内化。而现在教师发布教学视频在网络平台，学生自己观看教学视频完成新知识的学习，在课中教师针对学生课前的反馈进行答疑后，组织学生开展教学活动，通过小组探究和相关课堂测验进行知识的内化，教学效果更好。在对教学资源运用方面，以前教师只是利用 PPT 或者别人的教学视频在教室的投影仪上展示，比较有局限性，也不能倒退重复给每一个学生看，学生接收能力和速度不同，没有达到因材施教的目的。现在，学生在家长的监督下在家使用手机或者电脑独自进行视频教学，更加有针对性，学生学习效果更好。因此，它突破了一些局限性，能兼顾考虑学生个人特点因材施教，并加强了家校间的沟通联系、同时促进了师生对信息技术的掌握和提高。

翻转课堂，是一种旨在借助信息化资源，实现课前学生主动学习，课上一起探究的学习模式。国外相关研究人员，经过实践将翻转课堂的实施过程分为课前观看教学视频、针对性的课前练习、快速少量的测评、解决问题、促进知识内化和总结反思等环节，为对翻转课堂模式的案例实施探索提供了参考。

（二）翻转课堂的特征

1. 关注学习过程，实现教学相长

翻转课堂在教学过程中，能够更加关注学习过程，关注与学生在整个过程中的互动，表现在两个方面：第一课前通过网络教学平台将课前视频以及资料等上传，学生可以就课前学习中遇到的问题疑惑进行相应的交流，包括与教师以及与学生之间的交流；第二在课中学习阶段，教师与学生之间就课前的问题、课上出现的新情况进行相应的互动交流，在交流中关注学生的看法以及观点，鼓励学生，积极听取学生对于学习方面的见解以及想法，对于学生提出的好建议、好方法给予鼓励以及借鉴，使得教师学生能够在相互交流的基础上共同进步，能力提升。

2. 突出学生主体地位，加快发展素质教育

在翻转课堂中，学生在整个学习过程占据主体地位，包括课前视频的观看过程中，自己决定观看视频的进度以及时间。在课上学习过程中，学生之间相互交流讨论、积极实验探究，教师与学生之间互动交流，使得学生在自我意识以及教师的帮助下积极思考、开动脑筋、集思广益，促进学生在翻转课堂中实

现自主能力等各个方面的发展。

此外，素质教育的内涵是能够促进学生各个方面的进步发展，使学生在面对问题时能够独立思考、积极创新、主动参与。在翻转课堂中，教师以学生为中心，引导学生自己主动思考问题、动手进行实践，做到从以教师为中心到以学生为中心的转变。

3. 改变传统课堂教学方式，学生变被动为主动

由传统教学中的课上知识传授、课后知识内化转变为课前知识传授、课上知识内化阶段，在整个过程中可以总结为两个部分：第一课前学生按照教师给予的任务单以及已有的知识经验，自主选择观看视频的进度，选择前进、后退、暂停等，对于学习中存在的困难可以进行在线交流以及重复观看等方式。第二学生带着自己课前不懂的问题进入教室学习，使自己的时间安排能够更加合理，避免因为长时间的有意注意而导致出现分心现象，有效提高课堂学习效率。

（三）翻转课堂的优势

当前，培养核心素养成为我国教育发展的新方向。核心素养提出了教育未来要培养的目标，但并没有具体回答如何实现，所以各种课程实践研究不断开展。翻转课堂与核心素养不是简单的一加一，而是整个教学过程中二者的融合。恰当地使用翻转课堂会为核心素养的培养提供一个有效的方式。现代教育的主要途径是教学，而教育的发生场所主要是课堂，所以要培养学生各种素质能力就要充分利用好课堂教学。翻转课堂模式在课前环节，教师会根据教学内容提前录制好有关教学知识的小视频和设计好与之相对应的学生自主学习任务单等，由于视频可以反复观看，所以学生可以根据自身情况进行自主学习，掌握自学的节奏。同时自主学习任务单安排了相应学习任务和测试题，学生能根据视频学习后去填写从而抓住学习的核心内容，更有助于学生理解并记忆相关物理概念与规律，此外有的学习内容可以适当地提前给学生布置相关的小实践，将教学从学校转到现实生活，这样不仅增加学生在实际中应用物理知识的机会，还强化学生主动应用的意识，做到从多方面加强对学生物理观念素养的培养。

由于知识的讲授多在课前完成，所以课堂上的教学效果将会达到最优化。首先教师会有足够的时间引领学生们进行探究，更深刻地将知识的体系讲清楚，让学生理解知识内在的逻辑联系。同时学生之间进行交流讨论并与老师进行讨论交流，在这个过程中，课堂氛围变得活跃，学生的学习兴趣大大增强，课堂参与度得到提高，从而能最大程度内化知识，同时思维与思维的碰撞能给问题的解决带来更多新思路，学生也会在这个过程中逐步完成其分析逻辑思维提升

和质疑创新能力的加强，此外，学生的语言表达能力也会相应得到培养与加强。学生的物理核心素养中科学思维和科学探究方面也会得到有效的培养。

翻转课堂模式设计课后相应的练习会巩固学生的知识掌握，帮助学生完善自身知识框架的建立。同时评价方式不是单一的知识检测，而是多元化的体现，通过这种方式学生会意识到学习成绩不再是唯一的评价标准，学习过程中相关能力素质得到提高，这样更有利于学生获得全方位的培养与发展。还有教师在整个教学过程对核心素养的渗透，有助于培养学生的科学态度与责任，意识到物理知识对科技发展的重要性，做到尊重科学，爱护自然。

翻转课堂的教学设计中课前讲授知识，课中内化知识和课后强化知识，各个教学环节都有各自的培养重点，同时也不是相互独立的，而是环环紧扣，相互渗透。学生在整个教学过程中知识和能力还有相关素养都能得到较好的培养。所以选择利用翻转课堂进行教学设计来培养学生物理核心素养。

二、翻转课堂教学分析与设计

（一）常用翻转课堂教学分析

1. 常用翻转课堂教学模式

美国富兰克林学院的罗伯特·塔尔伯特教授经过总结以及相应研究得出了自己的翻转课堂教学模式，总体来说将课堂分为两个环节，一是课前学生观看视频预习相应知识，二是课中进行相应知识测试，并就疑难问题进行解答。

南京师范大学朱宏洁、朱赞设计的翻转课堂模式，是在现代化教学理论以及现代信息技术的支持下，通过课前教师设计的教学视频进行独立学习、课中小组讨论的方式，促进学生在翻转课堂中实现因材施教的个性学习。

苏州大学秦炜炜设计的翻转课堂模式是指在课下通过观看教师的教学材料（教学视频等）完成知识概念传输，课上在活动中通过教师指导完成经验与知识的融合以及实际应用。

南京大学张金磊、王颖、张宝辉设计的翻转课堂模式，是指在信息技术支持以及活动学习的整体模式下，通过课前观看视频，交流平台反映问题，在课中时就问题进行学生个人自主学习或者小组探究，最后将交流讨论的结果进行互相说明，在此过程中教师要及时地给予指导以及纠正。

河南师范大学物理与信息工程学院李娟等利用博客作为交流平台设计了翻转课堂教学模式，课下教师上传教学资源到博客，学生在学习过程中可以将自己的学习心得录制成视频资源上传到博客上与同学之间交流，使得教师学生两者之间、内部学生之间在这个过程中发生互相交流，当然在课上师生之间的交流也是不可避免的，学生在这个模式中能够积极参与、积极表达，使得学生学习的效果极大提高。

河北大学的陈洁在毕业论文中提到了基于交互白板的翻转课堂教学模式，该模式存在的优点是能够利用现代信息技术交互白板，将课前学生提出的问题以及知识的重难点整理出来，在上课过程中直接点击交互白板引用，不用教师一个一个地找，方便快捷。具体实施来说，是一种将课前课后分为教师工作、学生工作来具体进行的翻转课堂模式。

2. 翻转课堂教学问题分析

通过对以上教学模式进行分析，综合翻转课堂实施情况，得出翻转课堂教学模式在实施过程中会出现以下问题。

（1）学生学习积极性不高

在传统教学中，学生是知识的接受者而不是积极参与者，因此翻转课堂对学生来说并不适应，他们并没有从被动参与者的角色中转化出来，认为课堂中应该是教师传授知识、学生单纯接受知识，学生观念没有改变，因此出现学生积极性不高、课堂中学习效果不佳问题。针对这个问题，其实我们最应该做的是如何在课堂中引起学生学习兴趣、激发对物理求知欲，兴趣是第一老师，只要学生乐于参与，那么学生学习观念、学习方式的改变就能水到渠成，翻转课堂学生积极性不高问题就迎刃而解。

（2）学生学习负担重

在翻转课堂的实施过程中存在两方面问题：第一教师存在翻转课堂教学方式误解，因此在课前布置测试题，同时给学生布置大量的课后作业，这种措施无疑增加了学生的负担。第二学生花费大量的时间进行视频观看完成知识传授、试卷练习，加之其他学科教师的作业，使得学生用于学习的时间过长，在一定程度上增加了学生的学习时间。其实这是教师对翻转课堂的一种误区，翻转课堂除了课前布置少量测试题用于问题的检验，在之后的学习中并不需要布置任何作业，并且翻转课堂并非适用于每一章节的知识，学生可能一星期仅仅进行几次翻转课堂的学习。因此教师应合理安排练习题、合理选择教学内容。

（3）教师工作量大

在翻转课堂实施过程中，教师在课前及课后活动中工作量大。一方面教师需要根据课前学习内容、学习方式、学生情况、教学需要等录制教学视频，对教师多媒体技术、教育教学能力考验较大，教师需要花费大量时间进行前期准备工作。另一方面教师需要统计学生疑难问题、错题收集、视频观看进度监督等等工作，相对传统教学而言教师的工作量明显增加。

（4）学生知识结构不清

在传统教学中教师传授知识，对学生学习的知识总结概括，帮助学生建立合理的知识框架，促进学生知识的合理内化。在翻转课堂教学中，学生通过视频中学习知识、内化知识，但却很少主动思考本节的知识框架，知识内容较为松散，没有形成合理的知识结构，因此出现知识混乱、概念混淆的情况，长此以往将对学生的学习造成很大的影响，需要引起教师的关注。

（二）翻转课堂教学实施建议

针对以上各常见教学模式的分析及翻转课堂实施过程中所出现问题的总结，结合对翻转课堂的理解及自己的教学实践，提出以下解决措施。

1. 学生积极性不高问题

在课程学习一开始加入自主探究实验，实验一般为本节知识点的简单探究，学生能够在课前通过视频观看完成，一方面增加学生的好奇心、求知欲，另一方面通过简单探究增加学生学习好奇心，使学生在兴趣指引下改变传统学习观念、学习方式，解决学生学习积极性不高问题。下面将选取初中课程《光的折射》《流体压强与流速的关系》两节知识，两个简单探究实验给中学教师相应帮助。

探究实验 1：人教版八年级上册第四章第 4 节《光的折射》。

实验器材：一根筷子、较大瓷碗、一瓶水。

实验：如何利用器材使筷子看起来发生弯折但实际并没有发生损坏。

探究实验 2：人教版八年级下册第九章第 4 节《流体压强与流速的关系》。

实验器材：铁架台、两根系有细线的膨胀气球。

实验：将气球分别系在铁架台的两端，如何利用现有器材使原来静止互不干扰的气球相互靠近。

2. 学生学习负担重的问题

一方面，教师合理理解翻转课堂内涵，明白翻转课堂并非简单通过增加作业的方式进行教学，教师应合理安排习题，保证学生学习效率。另一方面，翻转课堂并非所有章节都可以采用，教师在选择章节时要注意是否符合翻转要求、是否可以通过本节知识找出亮点吸引学生兴趣。最后翻转课堂的实践可以选在周一进行，学生周六周日两天有充足的时间进行翻转课堂的视频预习工作。同时教师及时做好与家长的交流沟通，确保学生能够在这两天中有充足的时间。

3. 教师工作量大的问题

翻转课堂是一种对互联网以及现代多媒体技术依赖较大的教学形式，对教师的多媒体操作技术、微课制作等方面提出一定要求，QQ 群以及微信群虽然有利于翻转课堂的广泛实施，但无形中增加了教师的工作量，这里我将就下面几个方面进行相应建议。

第一，智慧课堂是教学媒体中提供的另外一种教学平台，该教学媒体是一种基于平板电脑的网络平台，教师以及学生登录各自的智慧课堂客户端，教师课前发布教学视频、教学任务单、教学习题等，学生线上完成试题，教师可以通过客户端后台查阅学生观看视频进度、视频次数，在一定程度上保证视频观看效率。智慧课堂客户端的另一优势：学生网上上交作业，客观题系统自动批阅并统计正确率等，教师只需要进行主观题的批改，工作量较为轻松。另外，智慧课堂中教师可以根据自身课堂需要，对学生手中的平板等进行锁屏以及解锁操作，合理安排教学过程，避免出现学生乱使用平板的现象。

第二，对教师来说课前视频的录制较为困难，需要教师本身具有比较好的多媒体技术。在这里给老师提出的相应建议有两个方面。一方面在学校中以物理教师为一个教研组，教研组共同研发一个视频，使教师的工作量相应减少。另一方面可以选择网络上较为优秀的微课视频，比如优酷、网易视频、一师一优课网站等。

4. 学生知识点不清问题

在实际教学中，学生学习过程中存在知识点混乱、知识逻辑不清的问题，例如学生对于光的反射以及光的折射现象较难分清，没有较好的建立起同一种介质以及不同介质的区别。针对这种现象，给教师的建议：教学视频完成之后请学生根据自己的理解画出思维导图，建立起对本节课的知识框架，同时教师通过观看学生的思维导图找出学生存在的不足，课上及时纠正补充，帮助学生建立良好的知识结构。

三、翻转课堂教学模式构建的必要性

（一）核心素养情况下的教学

近年来随着新课标的要求以及社会发展的变化，对于学生在学习以及能力方面的要求也更加迫切。基于这个背景，北京师范大学联手教育部以及其他高校共同提出核心素养理念，希望在课程中对该理念的渗透，使学生的各方面能力获得一定进步。它的内容为文化基础、自主发展、社会参与三个部分以及从这三个部分中提取出来的18个小方面。在翻转课堂的整个实施过程中，在课前加入相应的人文底蕴、科学精神、实践创新等方面的内容，在课中使学生学会学习、实践创新等方面内容，在整个过程中，尽可能地对学生灌输人文底蕴、科学精神、学会学习等六大方面的内容，使学生在翻转课堂中能够培养问题探究意识、合作交流能力等，促进德智体美劳各个方面的发展，为学生将来进入社会、能力获得发展等打下基础，使学生进入社会后能够最大程度适应发展，做一个对社会主义建设有贡献的进步青年。

（二）素质教育下的时代新要求

在传统教学中，课堂以教师为中心，教师提前设计教学目标、教学方法、教学组织形式等，传授给学生一些间接的社会文化知识以及基本技能，学生只负责学习知识和技能，不用进行独立自主的深入思考，是一种接受意义的学习。在现代社会中，随着社会进步以及相应的教育改革的进一步升华，人们更加注重德智体美劳等全方面发展的素质教育形式，注重让学生在学习过程中能够自己进行思考和创新，从而培养他们的创新精神和实践能力，反对那种应试接受学习、机械学习的学习方式，提倡的是一种有意义的接受学习。

（三）互联网＋背景下的翻转趋势

在如今时代脚步明显加快的情况下，如何在有效的时间内进行知识的传递显得格外重要，在此基础上出现了内容简练、重点突出的微课，在互联网情况下可以实现微课的平台共享。基于这种情况，翻转课堂就是一种在互联网＋的网络情境下，由教师制作相应的微课视频，学生在平台上自己下载并观看视频，自主学习知识，并且视频的来源不仅仅局限于单一的学校教师，学生可以从网易等视频播放网站进行自主下载，从而在新时代互联网＋的信息技术背景下，实现资源共享、互动交流，进而为翻转课堂实施奠定基础。

四、中学物理的翻转课堂教学模式

（一）设计原则

教学设计是教师为整个教学过程安排制作的规划。基于核心素养的翻转课堂教学设计应结合物理核心素养的指导性和翻转课堂自身的特点，遵循以下原则。

1. 以培养学生的物理核心素养为目标

新课标在课程目标中明确提出高中物理课程应在义务教育的基础上，进一步促进学生物理学科核心素养的养成和发展。教学设计中对教学目标的设计是整个教学活动进行的指向和归属。

所以利用翻转课堂进行教学设计时要紧扣培养学生物理学科素养这一课程目标，比如将教学目标从传统的三维目标转变细化成物理核心素养的四个方面，然后在翻转课堂的课前、课中、课后各个环节的设计中进行具体落实，以培养和发展学生各种能力、素养，实现最优化的教学。例如，我们在讲授牛顿第一定律时，充分发挥物理学史的作用，让学生课前查阅整理相关物理学家的观点，感受物理规律不断纠正发展的历程，让学生在这个过程中真切感受到科学家敢于质疑的严谨科学态度，学生的科学态度与责任素养也在这个过程中得到强化。

2. 充分尊重学生主体性原则

根据建构主义理论，学生自身应积极探索完成知识的建构，知识的获取和内化离不开学生的积极主动性。同时，根据人本主义理论， 教育要促使学生的全面发展，真正体现以人为本，以学生为本。翻转课堂中将教师和学生的角色进行“翻转”，做到真正使学生成为课堂的主人。

所以教师在进行课前设计时应充分考虑学生是否具备一定的自主学习能力，储备一定的知识基础，学生间的差异应如何处理等学情，课前采用学生自主学习探究的策略，让学生可以根据自身情况安排自学进度和节奏，同时记录疑问的安排给予学生发现问题和质疑的机会。课堂上多采用小组合作交流探究的形式，激发学生的学习兴趣，提高学生课堂参与度，这个过程中也让学生成为自己学习的主宰。课后的教学评价也应注意对学生进行发展性的评价，促进学生自身的发展。比如我们在讲授加速度和力、质量的关系探究实验时，让学生根据课前学习去主动进行猜想和探究，并给予学生交流展示的机会。

3. 充分发挥教师主导性原则

教师是教学过程三要素之一，虽然开始提倡学生的主体性，但教师依然是教育的主力军。教师的策划和安排直接影响教学能否顺利有效的进行，所以在教学设计中依旧占有重要的主导地位。

在翻转课堂的教学模式中，首先要提升教师利用翻转课堂进行设计的能力，树立新的培养意识。然后教师再通过教学视频和自主学习任务单的设计与制作进行对学生的自学指导。课堂上避免过度讲解，应在学生需要帮助时给予指导，最后在对知识进行明确的总结。确保整个教学流程都能在教师的引导下有序地进行。比如，在进行实验课教学时，引导学生自主交流进行探究，教师只需在教室里巡视，倾听学生的思路和观察学生的操作，必要时给予指导。

4. 家长监督原则

初中学生处于发展未完全期，自控能力并不是很完善，因此在课前观看视频的过程时，需要家长在旁边进行相应的监督，家长可以与孩子一同观看视频来督促，确保学生完成课前知识的传授，避免出现课上跟不上教师节奏，学生讨论思考无法参与的问题。

另一方面来说，家长监督学生学习，也能够及时了解学生的学习情况、学习问题，使家长对孩子的学习有一个大体的了解，能够对学校以及教师多一点理解，有利于家长、学校、教师之间的相互交流。

5. 资源高效原则

教学视频录制方面来说，教师运用各个方面的学科知识以及教育学知识，使视频的内容能够引起学生的兴趣以及好奇心，同时视频讲解要注意知识点逻辑清晰、内容通俗易于理解，知识点的讲解过程最好不要超过 10 分钟，根据现阶段学生的学习以及心理特点，学生的有意注意持续时间并不会很长，注意的稳定性较差，因此合适的视频长度以及清晰有趣的内容，能够帮助学生较好的理解知识、架构完整的知识体系。

教学视频的来源，可以从网易云、优酷等视频网站中下载，也可以下载教师上传到终端的视频，资源广泛，并且可利用率高，能够广泛的扩宽学生的学习路径，实现资源的合理利用。

就教师以及学校而言，教师能够减少重复讲授所带来的职业倦怠感，更加具有工作激情，将更多的时间用于课前视频的制作、课上教学过程的设计等，使学生在教学中获得知识，锻炼能力。

6. 教学评价多元性原则

完整的教学也应包括教学评价，这是对教学过程实施效果的反馈。教学评价简单来说就是教学发生前后的区别与反馈，优质的教学评价应该具有发展性，在加深学生对知识的理解与掌握的基础上，促进学生多方面的能力发展。

对于翻转课堂教学模式培养核心素养的教学设计而言，教学评价体系采用多元化形式，不仅仅是学生知识获取掌握的情况评价，更应注意学生在教学内容中涉及的具体物理核心素养的培养情况和其他能力的提升情况。根据教学反馈来优化教学设计，以便更好地利用翻转课堂进行教学设计来培养学生的核心素养，促进学生自身的发展。比如我们的评价方式不只是教师对学生，增加了学生对教师和同学之间互评。评价的对象不只是学生，也对教师教学表现进行评价。评价内容不局限于对知识的检测，也包括对学生相关能力素养获得情况的评价。

7. 翻转课堂实施可行性原则

利用翻转课堂进行教学设计时，要充分考虑能否顺利进行实施，如此翻转课堂教学设计才有进行设计和实际应用的意义。

由于翻转课堂融合了多方面影响因素为一体，所以进行可行性分析时要考虑多方面的影响。比如，翻转课堂要对学生进行课前教学，所以要考虑学生是否具备一定的自主学习能力等；课前教学的场所是家里，所以要考虑家长是否愿意配合，家里环境是否允许等；课上主要是学生自主合作探究，所以要考虑学生的猜想设计、探究和动手操作能力等；翻转课堂离不开网络信息资源的支持，所以学校和家庭是否有网络资源也会影响后续的实施。所以，我们在计划实施前，可以通过走访调查等形式，了解实施地区相关情况。若学生自主能力不强，要采取学生课前预习等形式对其进行一段时间的自学能力培养。

（二）设计流程

翻转课堂的教学过程主要分为课前准备、课堂教学和课后测试。所以，教学设计主要也是针对此三个具体过程将物理核心素养融入进去。同时，也在各个环节对应着进行教学设计时的注意事项。

1. 课前准备

翻转课堂教学模式的一个特点就是在课前讲授相关知识点，课前的准备工作情况直接影响后面的教学程序，所以课前的设计是整个教学能否实施顺利的关键。课前的准备主要包括两个环节，即课前分析和课前教学。形式为教师活动和学生活动，其中教师活动内容较多较复杂。

（1）课前分析

在正式课堂授课之前，教师需要根据物理课程标准明确教学要求，并结合物理核心素养内容将教学目标从三维目标转变成物理核心素养具体的四个方面，然后研读教材，根据教材内容和课标要求进行教材分析，再结合学生的心理特点和基础知识等进行学情分析，由此梳理出教学内容哪些对于学生是重点和难点，哪些内容适合于在课前录制的视频中让学生自主学习。然后制作教学视频，并针对自学内容设计自主学习任务单，便于学生及时检测自学情况并记录下自学过程中存在的疑问。

课前分析应充分考虑学生的实际情况和学生自学能力强弱，充分分析教材内容特点，注意翻转课堂应用的课型和具体课节的选择，有些直接讲授更方便快捷的知识可以依然采用传统教学模式。

（2）课前教学

教师主要通过设计、制作并发放教学微视频和自主学习任务单来进行课前对学生的相关教学。学生主要根据教师安排的任务认真观看教学视频，然后结合自己在自主学习中了解到的知识填写自主学习任务单，并认真梳理和记录下自学过程中遇到的疑难问题，以便明确在课堂上需要重点关注的知识点。

其中，微视频的设计可以采用教师自己录制，这样视频内容和节奏顺序等更适合教师本人，也可以利用网络资源寻找合适的片段融入进去，如此节约制作时间，留有更多时间针对课堂上的教学内容环节进行详细的安排。微视频的内容注意要紧扣教学目标，时长也要控制在合理范围内，过长易削弱学生的学习兴趣，过短易无法将知识点讲透。

自主学习任务单是由教师根据课前详细分析和课前教学视频内容设计并制作的指导学生课前自主学习的方案。内容主要包括学习主题、自主学习内容、自主探究、自主检测和自学中遇到的疑问等。自主学习任务单与传统意义上的导学案相似又不完全相同，它重在强调学生为主体。自主学习任务单的设计主要注意以下两点：一是自主探究的内容要贴合实际生活、简单易操作。二是检测题难度要突出重点，难度也要适中。

2. 课堂教学

教师会在课前通过网络途径及时接到学生自学情况的反馈，然后根据教学内容类型等选择合适的教学手段。由于课堂讲授时间有限，学生们的疑问不可能面面俱到，所以首先明确学生们普遍存在的疑问让同学们讨论交流后教师进行说明讲解，个别问题可以找时间个别辅导。课堂上的主要形式为小组合作讨论、交流探究，这个过程中也可以让学生们相互答疑。课堂教学中不仅要最大程度促使学生内化新知识，还会帮助学生学会合作、学会思考。

其中，小组讨论注意要鼓励每个同学积极参与发言，培养学生积极思考，勇于提问创新的精神，涉及探究实验类要采用小组合作探究的方式，鼓励学生大胆进行猜想、协作进行实验，整个教学过程中教师在一旁适当指导，不应过度主导，如此培养学生科学思维，科学探究和动手操作能力。

3. 课后测试

翻转课堂的课后环节主要包括巩固知识及教学反馈。具体包括选取合适的练习题作为课后检测与巩固，并通过一定的评价作为教学反馈。评价的发生可以根据具体情况决定，可以随课评价，也可以采用阶段式评价。

其中教学反馈中的评价方式要采用多元化形式，不只是成绩这一单一标准，可以融进对课前预习、课堂表现的评价，包括对能力素养等内容。直观地让学生真正认识到学习中能力素养的获得同样重要。此外，评价形式也不要限于试卷考察及老师对学生评价，可以进行自己自评和小组内学生互评等。

（三）设计创新点

通过对以上教学模式进行分析，综合翻转课堂实施情况，发现现有教学对课前传授、课上知识内化的教学形式翻转关注较多，对教学中学生积极性较差、知识建构较为混乱等问题关注较少，基于以往教学中出现的问题，将在翻转课堂中进行相应改善，改善主要分为三个方面。

第一，课前视频一开始提出基于尼尔森逆向思维学习过程模型的简单自主探究实验，并依据该实验提出问题任务单，让学生根据任务的相应提示、课前视频相应知识进行实验的设计，在课上进行相互讨论以及实验演示验证，用简单实验激起学生的求知欲、好奇心，并且实验较为简单，适用于绝大部分学生。

第二，在观看视频结束后，请同学完成相应的习题并且画出本节课的思维导图，在课上对学生的思维导图进行知识引导、知识完善，使学生建立起对本节课的正确知识结构。

第三，在整个翻转课堂实施过程中贯穿核心素养理念，利用实验探究、小组合作等方式培养学生自主发展、社会参与等核心素养，在潜移默化中使学生的创新精神、实践能力、开放思维等得到一定提高，学生获得一定进步。

课前自主探究实验任务单根据布鲁姆的教育目标分类学、尼尔森的逆向思维学习过程模型进行相应任务设计。我们日常中遇到的问题一般表现为先具有相应知识，之后根据已有的知识进行实验的设计以及验证，而对于逆向思维学习过程模式来说，学生学习课程以及问题解决过程中，表现为从问题的设计以及创新开始，一开始提出本节课的问题探究任务单，让学生带着问题进行知识学习，在学习过程中分析问题原理、应用知识内容、促进知识点理解、提高知识掌握。基于该理论的支持，将在翻转课堂课前视频一开始加入自主问题探究实验，使学生在求知欲的引导下能够最大程度地完成知识的学习以及内化，进而使学生的发展能够符合核心素养、素质教育的相应要求。

第六章　中学物理教师的专业发展探究

中学物理教师是物理课程改革的实施者、执行者和主导者，提升中学物理教师的专业素质，促进其专业发展并使之成长为专家型教师，是新的物理课程改革的一项重要课题。本章主要分为中学物理教师的基本素质与能力结构、中学物理教师的专业发展、中学物理教师的教学探究三部分。主要内容包括：相关概念界定、教师专业发展的动机、影响教师专业发展的基本因素、中学物理教师专业发展存在的问题等方面。

第一节　中学物理教师的基本素质与能力结构

一、完美的人格理想，是教师的最基本素质

随着教育改革的不断深入，新的问题不断产生，新的课题需要我们研究，要取得课改的成功，我们中学物理教师就不仅要具备上述的基本要求，还要与时俱进，不断完善自己的修养。

（一）不断完善和提高自己的道德修养

作为一名中学物理教师，就是要忠于人民的教育事业，热爱物理学科教育，以忠于职守的高尚情感去感染学生，为基础物理教育做出奉献。只有充分地尊重学生，由衷地关爱学生，以尊重、热爱、期望作为实施教育教学的前提和基础，以迫切希望他们成才作为动力，从而形成对学生的科学要求和管理，才能真正地对学生进行科学的教育，促进学生的全面发展。而为人师表则是我国教师的一种传统美德，教师以身作则、为人师表，给学生树立学习的楷模，才能确立教育威信，有利于教育活动的开展；学生“听其言而观其行”就会“信其道”。教师的人格魅力是最好的教育资源，教师以其高尚的德操濡染学生，这“无言

的教育”能更好地培养学生高尚的思想品德和良好的行为习惯，因此，我们所有教师都要不断地完善和提高自己的道德修养。

（二）彻底更新物理学科的教育理念

中学物理传统课堂教学是一种以物理学知识为本位的教学。这种教学只注重知识的传授，教师是偏重于物理知识的灌输，而忽视对学生整体素质的教育。在具体物理教学中，教师往往不重视对学生的学习兴趣、自主学习的品质进行培养；只重视结果而忽略学习的过程，学生很少能经历科学探究的过程，学生常常只能被动地跟着教师的思路走，学生的创新思维被抑制，难以发挥创造性。同时，在教学中也缺乏对学生的人文关怀，伴随学生的是无穷无尽的题海大战。而新课程则要求我们教师必须彻底改变传统的中学物理教学观念，从而树立“一切为了学生、为了学生的一切、为了一切学生”的新的课程理念。

首先，要树立“大物理教学”观。所谓“大物理教学”，就是指在物理教学中注重传授知识和发展学生能力的同时，更加倾向于学生整体素质与综合能力培养的一种现代素质教育质量观。人们都知道，物理学是以物质及其运动为研究对象的自然科学，它所揭示的物质运动的普遍原理一直是工程、技术和其他自然学科的基础。作为中学物理教师，绝不能只关心物理的考试范围和内容，一切教学只是为了去迎接各级各类考试，把原本博大精深、奥妙无穷、多姿多彩的物理学变为干瘪、狭隘和单调的“物理解题”，而将培养学生的“物理能力”异化为学生的“解题能力”，将学生训练成“解题能手”。这一点，必须成为我们所有物理教师的共识。

其次，要树立“教学即服务”的教育理念。新课程提倡学生自主、合作、探究式学习，同时教育也是以学生的全面发展作为目标。教学是“教”与“学”的结合与交融，有“学”才有“教”。这就要求我们中学物理教师，必须改变自己传统的角色，在教学中要成为学生学习的组织者、领导者和合作者，为学生的学习提供探求、交流的平台，为他们的成长做好全方位的服务。

（三）永葆积极的个性心理品质

教师的情绪会感染学生的情绪。而教师职业会形成教师特殊的自尊心、荣誉感和价值观，从而使教师形成带有很多共性的教师心理特征；同时，教师还存在着职称评聘、教学科研、检查评比等多种压力，这不仅造成教师的“亚健康”身体，也使教师产生了“职业倦怠”的“亚健康”心理。这些负面的表征，在具体的教学中往往会给学生造成“负面影响”，不利于学生的健康成长。因此我们认为，作为教师，首先应该积极锻炼，使自己的身体更健康；不断丰富自己的情感，保持舒畅乐观的情绪。同样，我们中学物理教师在教育教学过程中，就应该在实施教育的每个环节，主动以自己积极的情绪向学生施加影响，促进学生的个性健康发展。

二、多元化的知识结构，是教师实施教学的保证

（一）物理教育学知识要扎实

新课程重视在物理教学中，知识价值的教育和全人教育相结合，注重学生在物理学习中自觉地认识自我，建立自信，发展个性；并通过自己的探究去建构自己的物理知识体系。这与传统的重结果、轻过程的物理教育理论相比较，新课程强调教学既是一个认识过程，更是一个发展过程。这就要求我们中学物理教师不仅要懂得教什么，还要懂得怎么教，更要明白为什么这样教；能科学地运用现代教育理论指导自己的教学实践，完成对学生的合理教育，促进学生的全面发展。

（二）其他科学文化知识要合理

物理新课程的实施还需要物理教师具备雄厚的、多元的科学文化知识。我国教育在传统上存在着重理轻文、重智轻德的倾向，但随着社会和科技的发展，解决物理问题单单依靠科学技术已经不行了，常常还需要依靠人文社会科学和其他多学科的综合知识，需要科学技术与人文文化的融合。因此，在物理教学中要“文理并重”“文理交融”。学生能否实现全面发展，在一定程度上取决于教师文化知识是否具有广泛性和深刻性。而具有良好人文素养的物理教师，不仅能扩展学生的精神世界，而且能激发学生的求知欲。所以，我们中学物理教师具有一定的文学修养、历史修养、音乐修养等文化涵养是十分必要的。

三、娴熟的教学技能，是确保物理教学成功的关键

（一）应具有物理教育科研的能力

中学物理教师教学研究素质的高低直接决定着教育质量的高低，所以物理教师不仅要有丰富的教学经验，还应该具备教学研究的能力，成为“研究型”“专家型”教师。物理教师通过阅读与研究，了解并掌握本学科发展的最新研究成果，并及时地运用到教学实践中，不仅能够提高物理课的教学效率，也能够促进物

理学科教学理论的发展。

（二）应具备获取和处理信息的能力

当下，互联网使获取知识和使用知识变得更加方便，但在浩瀚的知识海洋里，有的人对信息的敏感度和渴望度却不尽人意。物理教师应该树立正确的信息意识，积极获取信息，并将互联网信息资源正确而有效地应用到教学中。这就要求我们中学物理教师具有获取信息、技术操作、组织信息、呈现信息、处理信息以及评价信息的知识和能力。同时，我们物理教师在获取和处理信息的时候，一定要把德育放在第一位，对于网络里的各种信息要正确有效地处理。

（三）应具备较强的物理观察与实验能力

物理学是从科学实验中发展起来的自然科学，近代物理的兴起和发展都是在实验的基础上取得的，实验是物理教学的重要基础，观察与实验是物理教学中不可缺少的重要环节。新课标对学生参与观察与实验提出了明确要求，强调学生积极参与科学观察、动手体验、学会设计、主动探究。因此要求我们中学物理教师，除了掌握必要的物理实验技能外，还要能够正确理解实验在物理教学中的意义和作用，对物理教学实验设计的基本原理和组织学生实验的方法与技巧有基本的了解。同时，我们中学物理教师还要能根据教学的需要，自行设计和制作简单可靠的教学仪器，并开展有效的物理课外活动。

（四）还应具备较强的自我学习和终身学习的能力

要给学生一碗水，老师就要有一桶水。可教师的这“一桶水”不应是“死水”，而应该是“活水”，是“泉水”。我们也看到，终身学习已成为当今学习型社会发展的必然趋势。因此，我们中学物理教师一定要放弃“一劳永逸”的狭隘思想，要时时学习，不断“充电”，让自己的知识储备永远保持“刷新”状态。

我们教师具有自我学习和终身学习品质，并能坚持自我学习和终身学习，不仅能够提高自己的内在素养，提高自己的教学水平，也能成为学生学习的楷模，带动学生终身学习，从而提高我们的国民素质。

第二节　中学物理教师的专业发展

一、相关概念界定

（一）教师专业化

1. 专业与教师专业

随着社会分工和职业分化的逐一具体化，专业一词渐渐成为职业中区分普通职业和专门职业的分界词。专业一词最早出现在拉丁语中，是通过特殊的教育或训练掌握了已经证实的认识，具有一定基础理论的特殊技能，按照来自特定的大多数公民自发表达出的具体要求，从事具体的服务、工作，借以为全社会利益效力的职业。

教师是否是一种专门职业，各国学者有着不同的看法，但各国都在共同努力将教师职业专门化。20 世纪中叶，联合国教科文组织和国际劳工组织联合发布《关于教师地位的建议》，首次在文件中对教师专业化给予确切的定义：应将教育工作作为一种专门的职业，其必须经过严格的专业训练、不断地学习来获得并保持专门的知识和特别的技术。联合国教科文组织通过对 17 种职业的对比分析，明确指出教师这个职业应当作为专门的职业，即教师专业。

2. 教师专业化与教师专业成长

教师专业化是指教师从一个“普通人”转换成“教育者”的专业发展历程。2002 年 1 月 3 日，《中国教育报》出版的《教师专业化：世界教师教育发展的潮流》文中提出：“教师专业化，即教师在整个职业生涯中，通过专门训练和终身学习，逐步习得教育专业知识与技能并在教育专业实践中不断提高自身的从教素质，从而成为教育专业工作者的专业成长过程。”该职业自身具有独特的特点、要求和职业标准，且有专门的培养制度和管理制度。并对教师专业化给予了四点定义：教师专业化包括教育专业性和学科专业性，国家对教师的任职有着学历上的标准，在教育知识、教学能力和职业道德方面也有明确要求；国家对教师任教资格和教师教育机构有专门的管理制度和认定制度；国家有专门培育教师教育的机构、教育内容和措施；教师专业发展是一个长久持续的过程，教师专业化是一种发展的理念，是一种状态，也是一种不断进化的过程。1985

年霍姆斯小组在《明天的教师》中提出应从五个方面来诠释教师的专业化：一是一个完整的学科研究应包括教学和学校教育两个方面；二是将“个人知识”转化为“人际知识”的教学能力，即学科教育学的知识；三是课堂教学中应有的知识与技能；四是教学专业独有的价值观、素质和道德责任感；五是对教学实践的指导。

教师专业化根据维度的不同来界定，可以分为教师个体专业化与教师职业专业化。其中教师个体专业化的含义是教师通过主动学习和专门的专业训练，提高自身专业水平，从而达到专业标准的过程，即教师专业成长。教师专业成长是教师专业化的基础，是教师专业化的根本体现和核心所在，是实现教师专业发展的必经之路。

对于教师专业成长，我国学者有着不同的定义。叶澜认为教师专业成长是教师内在专业结构的不断更新、演进和丰富的过程。赵昌木则提出：“教师的成长是教师学会教与学，不断学习并获得与教师角色有关的期望和规范的社会化过程。”国外学者关于教师专业成长的定义，可以归纳为四个方面：第一，自身成长的观点，指出教师专业成长是个人学习的过程，是教师在从事教学活动中，主动参加进修学习活动，让自己在教学知识、人际交往和日常教学等方面得到提升的过程。第二，专业知识和教学技能提升的观点，定义教师专业成长是教师在自身教学工作中，不断加强专业知识学习、提高教学技能水平，侧重点在于教师对专业知识和教学技能的掌握；第三，职务上的观点，即专业成长是个人职务的提升。

（二）物理教师专业成长

1. 物理教师专业成长的内涵

作为教师专业成长的一个重要组成部分，物理教师专业成长可以通过将教师专业化含义和物理教育的特点相结合的方式来给予定义。物理教师专业成长是物理教师在进行教学活动时，自主开展对自身专业知识、专业技能的学习，提升自身专业成长意识，主动参加各种校本培训和进修活动，努力提高和完善自己专业素质，以此促进自身专业发展的一个过程。

2. 物理教师专业成长的阶段

在我国对教师专业成长阶段的划分中，北京教育学院邵宝祥教授的“能力说”将教师专业成长划分为四个阶段：首先进入大概一到两年教龄的适应阶段，这个阶段的教师主要面临着实际课堂教学和师范教育理论教学的巨大反差，主要任务是如何将教育理论与教学实践完美的相结合；其次是三到八年教龄的成长阶段，处在这个阶段的教师在教育教学上已经累积了一定的经验，是教师专业能力发展速度最快的阶段，也是最关键的阶段；接着是九到十五年的高原阶段，这一阶段的教师已经在教育教学能力方面有了一定的突破，各方面的技能都有了较高的水平；最后是十五年教龄以上的成熟阶段，这时期的教师有了自己教育教学的独特风格和特色，成为骨干教师和学科的领头人。浙江教育学院的卢真金教授，他则认为教师的专业成长与教学经验、教学技能和教学理论三个因素有关，将教师专业发展阶段分为适应阶段、分化定型阶段、突破阶段和成熟阶段。

二、影响教师专业发展的因素

随着政治、经济、文化的不断发展，促使教育也不断地进步，对教师的专业发展也在不断地发生着变化，影响教师专业发展的因素主要有以下几个方面。

（一）教师的教育思想

孔子、孟子、老子、和庄子是中国历史上最伟大的教育思想家，由于他们各自的教育思想与理念不同，对他们门下的弟子的影响也是巨大的。在现代的教育教学中，由于每位老师的个性特点不一样，因此在看待教育教学方法、学生、学习的教育思想是不一样的。这种思想一旦形成便是相对牢固的，凌驾于其他教师专业发展的基础之上。如果教师的教育思想能够改变，那将是高阶的专业发展。

（二）教师的专业知识

现代很多教师把教师专业知识就理解为课本上的文化知识，这种认识是不全面的。教师专业知识不单单是课本上的知识，还包括教学方法，教学理论，课程知识以及与开展教学活动相关的知识。将其运用于教学，不断的改进，更好地丰富教师的专业知识框架。

（三）教师的专业能力

实践是检验真理的唯一标准，专业能力就是实践真理的能力。教师的专业能力高低同样也是影响教师专业发展的因素之一。教师专业能力主要包括教师内在能力（智力）和非智力能力，智力即教师的认知能力，非智力能力即为教师教学活动，教学研究相关的能力。

三、中学物理教师专业发展存在的问题

（一）物理教师专业发展存在的问题

中学物理教师这个团体在专业发展中存在一些问题，主要有：对自身职业的认同感较差、现有政策制度的不完善；教师对自身的专业能力认识不清、缺乏可持续性发展理念；日常教学工作落实不到位、自我要求低下、外部条件不足；教师负担重且教师专业发展方式内容欠科学。

1. 教师身心压力大，现有专业发展模式遇冷

教师普遍认为耽误自身发展的最主要原因在于工作繁重，抽不出时间。国家一直在为学生减负，这对青少年的健康发展是有利的，教师作为学生的引导者和启发者、参与者，工作却有增无减。学校教师编制的紧缺、教学任务的繁重、各种检查层出不穷，特别是各种合格率、优生率的硬性指标逼迫教师不停对学生加餐，希望用时间的简单堆积达到想要的成绩，所以早上越起越早、午休越减越少、晚自习越延越长，教师也几乎起早贪黑将所有时间耗在学校，另外家庭上的压力也更加让人心力交瘁。

另一方面，教师的现有主要发展途径是通过网络研修，由于课程内容的老旧及不对口，耗费时间长，不太被老师所接受。教师更喜欢并希望有多样化的发展途径，甚至可以像其他部门或行业人员一样脱产学习，走访学习等。

2. 教师对自身职业的认同感较差，现有制度不健全

从选择教师这个职业作为终身职业开始，到是否热爱本职工作，较多物理教师从入职前开始就因为某些特殊原因被动选择此职业，说明普通民众对物理教师这个职业存在误解和抵触，不了解该学科的特点和重要性，不愿意主动参与国家的物理教育事业，而社会和国家也缺乏正确的积极的引导，无法让更多人了解该学科优点从而进入该学科。参加工作后，物理教师也很难体会到该学科的优势与乐趣，仅仅只是因为“一般满意”“比较喜欢”而简单工作，现有政策和措施很难激发教师的职业认同，绩效和考评、岗位设置、评优评先等不公平现象，进一步加剧打击物理教师的工作积极性，从而缺乏幸福感，从心底排斥工作，拒绝发展。

3. 教师对自身的专业能力自信不足，能力发展失衡

教师对自身的专业能力认可度并不高，处于中等水平，60%的教师感觉仅

仅是一般水平，扎实的专业水平和专业能力是物理教师教育教学工作的基础，专业上的不自信就会导致教学的不自信，教学的不自信就会引起学生的不满意。虽然部分教师认识到自身专业的不足，但以此为契机发展自我的信念不强，没有行动力。没有意识到教师作为一项专门的职业，是需要维持不断发展的。即使有认识到职后继续教育对自身成长的作用和意义，但由于大环境的原因也基本会迟滞本身发展，不愿意制定发展计划并主动实行。现在很多学校都认为只要能从高一到高三上完一轮，教师就足以成长并达到标准，粗糙的评价方式和考核指标对教师的专业发展带来制约效应，抑制教师专业发展信念。丰富的学科专业知识是教师教学的保障，必要的现代信息技术手段也是保证学生学习的有效方式。而在采访过程中发现有教师出现头痛医头脚痛医脚的失衡发展，需要制作课件就摸索学习 PPT 或 FLASH 技术，担任科任教师的老师就不愿意接受有关诸如“班主任管理技巧”等处理与学生有关问题的内容，对问题的见解不全面和理解的偏失造成教师对专业能力的学习不够具体和系统，从而专业能力发展不平衡，专业结构不完备。

4. 教师日常工作落实不到位，专业发展外部条件差

从统计的数据中可以看出，教师的日常工作落实并不到位，教案作为上课的必要准备，教学反思作为教师成长的有效方法，无论该教师资历如何都不能作为不撰写教案和反思的借口，但在实际教学中，有 20%的教师仅用旁批替代教案或干脆不写教案，接近 80%的教师很少写反思。对于日常教学中的多媒体技术的应用，情况稍好但也有欠缺。作为体现一个物理教师自身实验教学水平的“教具自制”高达 90%的教师偶尔会制作，而有关参加课题研究、教学比武的次数和级别，通过数据统计中可以得知其主要也是仅仅为了满足学校提出的最低硬性要求，保量不保质，很少有突破发展。学校提供的平台欠缺，无法满足教师的专业发展。教学硬件的捉襟见肘，教师管理一直实行一套标准，几十年不变，不能与时俱进为教师创造条件，归根结底还是学校对教师专业发展的不重视，没有主动为其寻找发展出路。

（二）物理教师专业发展存在问题的原因

1. 缺乏正面职业导向，政策制度不完善

职业无贵贱，存在即道理。现有物理教师对本职业产生较弱的认同感的原因主要有两点。首先是教师行业确有不正之风，但被无端放大。由于经济的快速发展，知识效应远不及经济效应，教师这个职业与尊师重教之间的距离越行

越远。但同时又由于社会对教师的要求持续走高，整个社会民众对教师队伍的关注力度越来越大，稍有风吹草动则立马草木皆兵。一些教师队伍中的瑕疵被各种媒体放大，造成社会对教师队伍丧失信任。家长对教师的不信任感就会影响小孩对教师职业的感观，打消优秀人才进入教师队伍的念头。其次，已经进入教师行业的教育工作者对自身职业的不认同。当物理教师的归属感降低时，就有可能会将有血有肉的学科体系当成简单的知识传递，就会将丰富多彩的教学替换成枯燥的讲学，教育者无法在教学活动中获得成就感，每天体会的都是简单无味的机械式重复工作，缺少激情，缺少内在驱动，久而久之造成职业倦怠，从而更加无法认同所从事的职业工作。

政策制度的不完善加剧教师职业认同感的丧失。从宏观环境来看，教师的专业发展确实存在一定的限制。第一是国家层面有关教师职业的法律法规存在缺失或不足，结构不完善。制度上的不明确就会引起职业的不确定性。虽然我国已经陆续出台教师教育有关法律法规，但极其有限。教师无法找到根据明确自身职责范畴和权利范围，导致工作中缩手缩脚，无法放开。据有关统计，我国现在申报教师资格考试的人数和每年拿到教师资格证书的人员越来越多，但还是出现学校教师编额远远不足的情况，这既反映了社会对教师这个职业存在偏颇，更反映了制度性方面的问题。第二是学校层面有关教师激励和考评的方法手段不科学。教师的发展空间在纵向比较中是有限的，在横向的比较中是窘迫的。教师职业的社会地位一年比一年下降，无法吸引更多优秀人才进军教师领域，进一步扩大社会影响，形成恶性循环。激励手段的缺乏或不健全加剧造成教师专业发展停滞不前。现有学校的激励制度一般是在原有的制度上稍微进行调整所得，时间久远且与现实不合，其效果和范围有限。另外，奖励对象仅针对有限的少数人，打击了大部分人。

2. 教师教学理念陈旧，理论与实践脱钩

俗话说“态度决定一切”，良好的专业态度对教师专业发展能带来积极的促进作用，消极的态度就会成为发展的阻力。坚定的信念是教师专业发展的动力源泉。只有当教师具备强烈的专业发展信念时，才会热爱本职业，继而热爱学生、热爱教育，才会在教学过程中倾注心血和精力，才能克服困难，承认自身所从事职业的存在价值， 并能通过职业奉献实现自我价值。

造成教师发展欲望不够强烈的原因如下。

（1）年龄结构关系

一般年轻教师刚从大学毕业走向工作岗位，具有极高的工作热情，也没有其他额外负担，很愿意将精力和时间投入到教学工作中去，是学校的生力军。而对于年龄较大的教师，由于身体原因，确实存在“廉颇老矣”的现象，即使有心关注专业发展，但由于精力的有限而无法做到长期坚持。

（2）缺乏学习氛围

由于教师素有“铁饭碗”之称，工作稳定，变化不大，环境单一、涉及面窄，所以很容易造成精神懈怠，即便是充满活力的青年教师在长期耳濡目染下，也会产生消极心态，封闭的环境会加剧这种影响，意志力低下，就会拒绝变化、拒绝发展。专业引领的缺失也会导致教师在寻求发展时出现不愿发展和不知如何发展的困惑。对新思想新理念不敏感，理论的缺陷自然导致行动的茫然。

教师专业能力是指作为从事专业教育教学工作中所展示出来的各种能力综合体，是能将职业成长为专业的关键，例如：如何与学生交往、处理课堂突发情况、班级管理等。良好的专业能力是扎实理论的升华，专业能力是各种理论的综合实践，只有当物理教师对所专职的领域进行深刻的理论学习后，从表象走向本质，通过逻辑的力量，有效解决各种实际问题时才能体现能力。而在实际教学过程中，有很多物理教师具有扎实的基本功，丰富的专业知识，但缺乏基本的教学能力，有口齿表达不清晰，无法与学生和谐相处，无法深入学生群体，不能有效调动班级积极性，增强班级荣誉感。而往往这些能力就是师生之间沟通的桥梁，教师不但要会教书，更要学会育人，师生各处两个孤立的系统，不能进行多角度的交流，教育就会失去其最基本的功能和最终的目标。注重专业能力的培养，就是在寻找实现教育功能的钥匙，钥匙合适，就能打开教育的大门，让教育惠泽民众。教师由于教育理念的缺失，无法将理论与实际紧密联系，孤立专业知识和专业能力的关系，导致在发展中无法均衡发展，提升自我。

3. 教师自我要求不当，专业发展途径缺乏

当今时代的生活节奏加快，生活成本增加，教师作为芸芸众生中的普通一员，一样面临生活和生存的压力。教师素有“清高”的美誉，经常会用“两袖清风”等来形容教师生活的平淡，但物价和房价的飞速上涨，即使有着“教师待遇不应低于同级别国家公务员”的保障，仍然捉襟见肘。社会各界对教师的要求也随着经济发展水涨船高，家长希望自己小孩能够获得优秀的教育效果从而时刻关注教师动态。教师和医生作为平均学历水平最高的两个职业，对自身的要求也相对较其他行业高。大多数教师希望通过自身的教学行为能为学生的成长变化带来积极正面的影响，希望自己的教学事业能有所成就。

另外，现有高中教学模式几乎都要求教师从早到晚紧跟学生，典型早出晚归，很多教师在忙于教学之际的同时还要抽空处理家庭琐事，给教师的心理带来强烈的疲惫感。在工作中，由于生源数量偏多，临聘教师的离职，往往一个老师要承担 2 ～ 3 人的工作量才能保证教学正常运转，承担的教学班级数目增加，与之相应的作业量、辅导学生量等相关任务量成倍增加。由于人员紧缺，普通教师在承担教学工作的同时还要承担诸如教务干事、政教干事、工会组长、联点、学科工作室主任等一大批职务，各项资料的准备与安排也会占用教师的大量时间。如果加上各种上级行政部门的检查，又将是一大堆资料的补充和完善。因此在讲到发展的时候，多数教师第一反应就是忙得没时间发展。

另外，现有的教师发展方式主要集中在网络研修。网络研修是指教师在指定门户网站系统内部选择课程，通过收看视频资料，参与网络研讨最终获得提升证明的途径。由于绝大多数在职继续教育都采用这种方式，一而再再而三，容易使教师产生审美疲劳，人机交流虽然解决了时间和空间的问题，但缺乏情感的交融，容易将培训变成纯任务，从而消极对待。另外，网络研修缺乏有效监控和过程评价，有些教师甚至采用“外挂”等方式加速学习，以期快速获得学分。总而言之，网络研修方式在经过多年的实施后已经慢慢变冷，不再迎合教师的发展需求。教师期待的是一种更全面的、更自由的、有高度参与感的发展方式。

4. 教学常规管理欠缺，对专业发展不够重视

没有规矩无以成方圆。学校的常规管理工作牵涉到诸如财务、后勤、校园、学生及职工等各个方面，只有高效和谐统一的常规管理工作做好了，整个学校才能有条不紊地正常运转。如果一所学校不能维持常规管理工作的水平和质量，就会在工作中出现顾此失彼、丢三落四的问题，影响整个学校的运行。而在实际操作过程中，由于管理人员长年累月对相同工作的机械操作，在充分知晓和熟练后，就很容易出现习以为常进而流于形式的“例行公事”。教研和教务要对教师的日常工作进行严格监控，在教师的日常教学管理中，一般依据制度化的形式来操作。首先，管理人员缺乏常抓常管的意识。常规管理要坚持，不能三天打鱼两天晒网。全面检查和重点抽查、部门与年级交错查。其次常规管理工作不符合发展规律。教学检查要以发展的眼光看待，及时更新评价指标，比如有关教学目标就经历了以“知识技能”到“过程方法”“情感态度价值观”的转变，用老旧的标准衡量发展中的问题，势必阻碍其发展。

教师要发展，必须要依靠学校这个平台。学校要统筹安排，顶层设计，改善现有教学条件，教师参加培训机会的多少，参与课题研究机会的有无，每一次教学比武的参赛都是教师利用学校资源从而实现自我专业发展的机会。为什么教师会感觉自身发展有心无力呢？

首先，学校对教师个体的关注度不够。教师是学校发展的主体，教师的发展促进学校的发展。当今时代对学生的过分关注从而将教师的地位边缘化，教师对学校依赖感减弱，不容易产生主人翁意识，无法带动学校发展。

其次，学校提供教师发展平台的有限性。在现代教育系统的管理体系中，学校处于较尴尬位置，缺少相应权利，比如校园建设、图书购入、设备添加、外派学习等都牵涉到资金的使用，而现有体制下的学校对于财务的权利极其有限，无法自由安排，需要层层递交报告，反复审批，发展通道的不畅通为教师的专业发展道路带来很多不必要的麻烦。

最后，评价体系的不科学。一套科学的评价体系的建立需要经历长时间的尝试和修葺，无法一蹴而就。学校现有的各项制度，特别是公立学校，有着极大的局限性，并且由于教师日常工作的复杂性，更加使得建立一套可以量化教师日常工作量、且符合大多数人利益的指标体系变得几乎不可能。

四、中学物理教师专业发展的途径探讨

（一）增强职业认同感，完善制度政策

1. 提升职业吸引力，加强学科建设

为吸引更多优秀人才加入教师队伍，改变社会各界对教师的看法，首先要肃清行业风气，清流正源。引导社会媒体和机构正面宣传教师形象，树立德行兼备楷模，倡导学习教师先进代表，优秀人物。同时，教师要提升自我修养水平，不忘初心砥砺前行，争取改变民众心里的教师形象，为教师教育的发展奠定良好基础。其次要加强学科建设，丰富学科内容，让物理教师热爱自身专业。学科内容是死的，但是该学科的学习者和传递者都是活生生的人。要从人入手，以人为本。

鼓励激励物理教师参与学科资源开发，从结构内容、内涵外延等方面不断完善学科整体构建，帮助物理教师构建圆满的学科体系，将物理教育从简单的传递变成创造和智造，让物理教师体会参与、喜欢参与，改善物理教师在大众和自己心目中的形象角色，增强社会和自身的职业认同感。

吸纳物理教师参与管理，提高物理教师地位，创立“主人翁”意识，是带动物理教师专业发展的有效条件。不同的管理者对同样的问题有不同的管理方

式和处理问题的方法，同样的管理者对于不同范畴的问题也有不一样的关注点和切入点，不同学科的特殊性导致管理思路的差异。物理教师走向管理岗位，能更清楚更敏锐的了解物理教师专业发展的需求和途径，提出更科学的管理理念，制定高效的专业发展规划，积极服务于物理教师专业发展。

2. 完善政策制度，提供外在保障

政策缺失带来的影响是显而易见的。完善的政策制度能够为物理教师的专业发展提供强有力的外在保障。首先是有关教师行业的各项法律法规。完善的教师职业政策法规能够让我们在碰到各种有关教师专业发展的问题时有法可依。在教师群体中，会不断涌现各种新问题，有时会给教师专业发展过程带来阻碍甚至是阻止作用，不健全的政策法规会给执行者造成各种困惑。因此，有章可循的政策对教师专业发展起着保驾护航的作用，能够给教师带来安全感和职业稳定。当教师在物欲横流的社会中有着清晰的职业生涯规划时，就能够规避各种诱惑，从而保持稳定心态，稳中有进。良好稳定的情绪有利于促进教师寻求自身发展，从而实现自我突破。总言之，一个健全的法律环境能为教师专业发展打下坚实的基础并有着宏观上的激励作用，能够为教师专业发展提供上层保障，促进教师的专业发展。其次是科学合理的评价与激励制度能最大化激发教师专业发展的动力。一项好的评价制度不能仅仅依据结果性评价，还需考虑过程性评价，即重视发展性评价，促进教师专业发展。关注物理教师发展的过程，在过程中评价、在评价中发展。评价的目的不在于最终结果的等级评定与鉴定，而是关注是否在培训过程中达到目标。从多个角度考察考核教师专业发展动态，多元评价参与者的研究过程，摒弃单一评价方式，极力保护物理教师的专业发展动力，及时有力肯定物理教师专业发展的成绩。教育部门、教师培训机构、学校等要在充分调研市场和教师需要的基础上制定全面合理的评价制度。随时关注发展动态，激励每一个处在发展过程中的人。正面的肯定使物理教师会更加注重提升自我修养，甚至会将这种发展性的评价方式带入教学中，不再以分数唯一论评价学生，改变学生的学习习惯，创造良好的教育教学环境，良好的教育环境反哺教师，进一步促进其自我发展，形成良性循环。

当然，仅仅是单纯的评价所起的作用是有限的，适当的激励措施也是必需的。精神的、言语的、物质上的激励能更加凸显评价的力度和效果。合理利用物理教师的真实内在情感需求，对物理教师的专业发展有着肯定作用。部门或领导要善于发现物理教师的闪光点，工作上的成效，并不悭吝言语，努力寻找各种场合对其进行嘉奖与肯定。好言一句三冬暖，恶语伤人六月寒。积极正面的言语能提供正能量，促使物理教师荣誉感的生成，从而觉得工作有干劲，增强职业幸福感。要在职称评定和绩效管理等方面全方位考虑激励作用。教师是一份清高且光荣的职业，但它的崇高是建立在满足基本的生活要求的基础之上的。提高物理教师的工资收入，减小生活成本，创造其专业发展的良好环境。与此同时引入退出遴选机制。一味地无原则无底线的激励只会适得其反，从而引起过度自信，盲目自大，缺乏危机意识，回归无发展的状态，恰当的压力是物理教师专业发展的必要限制条件。《中学教师行为准则》《教师信息技术应用能力提升工程》、末位淘汰制等一系列标准的制定或活动的实施即出于此考虑。恰如其分的危机感能使物理教师为了避免淘汰，保持可持续发展态势。整体看来，在物理教师专业发展中需要激励与淘汰机制，双管齐下，两者相互统一协调，一个确保发展的动力源源不绝，一个限制发展的方向不偏不倚，共同构建一个教师专业发展的健康氛围。

（二）坚持理论学习，让发展更具理性

1. 坚持理论学习，夯实提升基础

充分的理论学习是指导物理教师专业发展的基础。高中物理教师要不断主动学习各种教育学和心理学、学科教学的理论知识。有了一定的理论基础，教师在教学行为中就能找到更多的底气和支撑，改变教学以往习惯，创新教学方法和手段，达到更好的教学效果。缺乏一定程度上的理论学习，教师就会变成行动上的盲人，找不到自身的发展道路和方向，最终事倍功半。如何在物理教师队伍中提倡理论学习，进一步夯实教师发展基础呢？

首先优化物理教师队伍结构。按照学校统筹规划，根据学科发展需求，吸收新鲜力量，优化教师队伍结构。良好的教师队伍能够带动学科团队快速成长，老教师的丰富经验、青年教师的活力干劲，新老思想交互传递，彼此都能快速成长。如果学校教师队伍平均年龄偏大，中青年教师不能快速补充，教师梯队就会出现青黄不接现象，严重制约学校发展。

其次，可以利用分层管理思想，对不同年龄段的教师采取不同激励方法，用青年教师的热情感染中老年教师的沉默，挖掘中老年教师的成功经验指导青年教师的成长。实现全员参与学习，共同提升发展。

最后，需要创建和谐的学习环境。一个良好的学习氛围能有效促进教师的整体学习兴趣，提升学习的效率和深度。伴随着普通民众逐步接受终身学习的方法和理念，加上校园更是一个适合学习的大环境，可以从思想上、行动上改变教师观念，引领教师学习，创建学习型校园环境。但要注意的是在充斥着眼

花缭乱的各种理论、模式的知识海洋中，物理教师不能盲目遵从，需要练就一双“火眼金睛”，仔细斟酌，去芜存菁，要相信没有哪一套理论是适用于所有状况的。一条理论的提出有其自身的局限性。物理教师要在实践中检验真理，不唯上，不唯专家论。学习理论是物理教师寻找新的方向的过程，教师要在具体的教学实践中从自己最有感悟的某点出发，多进行理论的可行性分析，不断尝试将新理论与实际相结合，用理论指导实践，用实践检验理论。

如果在实施过程中发现缺陷，就要尝试弥补不足，真正做到“研究型”教师。物理教师的理论学习不能局限于某一部分，应该包括但不限于教育心理学、学科教学、信息技术、青少年心理、与人沟通的技巧、职业生涯规划等各方面的知识，尽量做到全面细致，塑造多结构的多元知识体系。

2. 实践与理论结合，全面发展能力

教育的终极目标是培养全面发展的人，作为教育的执行者， 教师首先就要具备全面发展的能力，专业态度、专业知识和专业能力是构成教师全面发展三个要素，三者紧密相连、互相促进，缺一不可。优秀的理论与实践的有机结合能更快提升教师能力。教师的能力提升又依靠自身的素养基础，物理教师的素养可以从学科的角度分为基础素养和专业素养等。

第一，教师要强化自身基础素养。①学科知识是教师赖以生存的基本技能，也是教师的基础素养之一。信息时代知识快速迭代，人们在各项领域不断开拓进展，各种新思想和理念犹如雨后春笋先后绽放，如果守成依旧，难免有闭门造车之嫌，也很容易被时代抛弃，物理学科尤其如此，新的世界观和物质观对认识世界和改造世界会带来全新的视角，所以物理教师尤其需要注重专业发展，时刻关注科研前线，丰富自身学科知识结构和层次，高屋建瓴，将新的观点传递给学生。②教育教学知识是教师的另一个基础素养。即使有再丰富的学科知识，如果不掌握一定的教育教学技能，同样难以达成功效。语言表达能力、教学设计能力、人际沟通能力、处理问题能力、心理分析能力等，这些都对有效高质的教学有着保驾护航的作用，两者相辅相成，缺一不可。总之，教师的各种基础素养是其专业发展的根本条件，只有植根于扎实的基础之上的发展才是有效的发展。

第二，物理教师不但要具有普遍意义上的教师基础素养，同时还要提出更高要求，具有专业化特点。①实验动手能力是关键素养之一。作为一门建立在实验基础之上的自然科学课程，是否能够自己动手设计和操作实验体现物理教师的基本功，只有在教师具备此能力的前提下才能激发学生实验热情，培养学生实际动手能力。如果一名物理老师只靠嘴巴讲物理，那他的学生在实验操作方面肯定是欠缺的。②基本的信息化处理手段也是一名合格物理教师所必须具有的素养之一。由于历史上很多物理规律的得出有可能前后时间跨度很长，而另一些实验现象的发生具有非常快且不可逆的特点，这就要求物理教师能利用现代技术手段对其进行处理，化慢为快，变快为慢，以小放大，缩小变大等。③如何利用现代信息技术手段展示问题也是物理教师专业发展的必经之路。强化物理教师的基础素养是确保物理教师专业素养提升的前提和基础，只有进一步重视和强化其基础素养，同时加大专业素养的培训，物理教师才能保证高速有效的终身发展。

（三）加强教师常规管理，重视教师专业发展

1. 强化日常检查，遵循教育规律

凡事从小做起，细节决定成败。落实教学常规管理能保持物理教师的专业发展动力。

①强化常规全面检查。备、教、批、辅、考是日常教学工作中的五个基础环节，是确保教育教学工作有序开展的基本方法。每一个环节都有与之配套的一系列程序动作，认真执行每个环节就是在不断提升专业能力，达到专业发展的目的。

常规工作是学校管理工作的基础，要求要全面精细。全面是指各个环节步骤都要检查，如：课堂巡查、听课评课、作业检查、教案书写、计划总结、考试组织、学生辅导、教学评价、质量分析、教师发展等。精细是指检查要注重质量和细节。在听课评课中，除了要保证听课数量以外，还要关注听课的效果，是否认真记录上课情况，是否有针对性的点评和建议，课后是否能与执教教师进行有效交流。在教案书写中，依据学校已有制度要求，不能区别对待，是使用电子教案还是手写教案都要严格按要求认真执行。学校还要加大举办教学论文、教学竞赛、课件制作等活动，全面铺开常规工作，促进教师基础发展。

②教学管理要遵循规律。随着教育方式的变革，学生学习方式也发生了翻天覆地的变化，从被动变为主动，教师从权威者变为引导者。教育与学习方式的变化也应该从常规中有所体现。如在课堂管理中，教师是否充分注意学生的主体性，尽可能提供学生发展的空间和时间。为有效监控教师教学行为，要改变评价指标，利用量化课堂观察表等先进方式及时记录课堂情况，以此科学评价教师教学行为。质量分析也要从根本上发生转变，以发展学生学科核心素养的目的，摈弃以往重结果轻过程、重外在轻主体、重问题轻激励、重成绩轻创新的评价考核方式。

2. 关注教师个体，创造发展条件

教师的主要工作场所在学校，也是其职业发展时间最长、影响最大、效果最明显的阵地。最大限度发挥学校这块阵地的影响作用，是教师专业发展的关键手段，也是决定物理教师专业发展的最终成效高低的制约点。但由于学校所处尴尬位置，缺少自主权限，难以从根本上解决问题。在平时的交流中，记得有一位校长说：他既没有人事权，也没有财政权、更没有处决权。感觉自己就是一个管家，将学校这个家东拼西凑，缝缝补补过日子。当然这里面有夸张的成分，但同时也让我们感觉到当校长的无奈。

如何在有限的资源配置和权力分配的条件下促进教师专业发展呢？可以从以下几个方面入手。

①学校要关注教师个体发展。根据分析结果，我国有关教师的发展主要侧重教师整体能力的发展，忽视了教师的个体发展是全面发展的组成部分，是教师发展的基础。教师的发展应该是一个通过教师个体内在的需求从而自主构建、自我发展的过程。教师作为个体的人，其天性具有自由与趋利避害的特性，会主动构建适合自身发展要求的平台。可是现实中教师个体发展中存在不少困境。无论是政府还是社会都将眼光定位在学生身上，一切以学生为中心，忽略甚至是伤害教师利益。教师个体所受关注越少，其主观能动性就越低。如果能重视教师需求，听取教师心声，切实为教师发展提供便利，必定能为教师队伍注入活力，焕发发展动力。

②学校要在物理教师专业发展的过程中，主动承担培养责任，深度挖掘本校蕴含的资源，为物理教师的专业发展切实考虑，确保其发展空间、大力创建多平台，全方位促进教师专业发展。除了利用校园环境以外，学校完全可以在权限范围内拓宽培训途径，利用线上和线下同步进行的方式、学校教师“走出去”，外面专家“请进来”的方式，甚至是脱产进修，与对口高校的联合培养等，最大化优化继续教育的效果，利用多元的培训方式带来多元化的发展结果。

③学校要关注青年教师的成长，一所学校要保持活力，是依靠青年教师接替传承下去的。一所学校的青年教师培养是关系到该学校能否可持续发展的重要因素。如何加快新入职或青年教师的成长速度，使其尽快成为一名合格的物理教师是学校的重要研究课题。在新教师入职后的前几年签订师徒合同，以老带新，实施青蓝工程是其中一种有效的方式。学校应该通过“结对子、搭梯子、戴帽子、压担子”的培养策略帮助其专业发展，快速成长。

④学校要借助校本教材这个载体，吸引全体教师参与研修。校本教材是教

师专业发展的高度浓缩和展示。以所任职学校为条件，以所教学生为对象，以任职教师为主体，以因材施教为指导思想，以培养人为目标，编纂系列适应本学校发展的资源。由于学生和学校相辅相成的关系，利用校本教材带动学生发展，同时，让学生发展促进学校发展。

（四）给教师再降压，开发多元发展方式

1. 疏减教师压力，提升幸福指数

教师肩膀上的压力来源是多方面的，有来自社会的要求、期望和支持；有来自个人对自我发展的要求、提升和成就；有来自工作的数量、成绩与评价。如何才能有效减轻教师压力，可以从内部和外部两个因素考虑。从内部上看，要引领教师正确看待自身职业，做好自身专业发展的生涯规划。教育不是万能的，教师更不是救世主。即使有着“太阳底下最光辉的职业”“人类灵魂的工程师”等美誉，教师职业也不能被道德绑架，当然教师应该具有崇高的师德，立德才能树人；教师应该用爱进行教育，爱是教育的灵魂；但教师也必须承认自己的无奈，从心灵上解放自己。教师要学会情绪控制，正确面对来自外界的评论和看法，本着良心，用积极的情绪唤醒教师深埋心底对职业、对学生的热爱。正确树立自己的人生目标，制定恰当的人生规划，在困境中寻找信念，在教育中感受春暖花开。从外部来看，要尽可能营造有利于教师生活的大环境。积极提升教师社会地位、增加教师待遇、优化考核方式等。

2. 拓宽专业发展途径，提高发展效能

教师的培训与发展要尊重教师专业发展规律和人性的特点，要从内容、体系和方法上创新思路。观察国内外有关教师专业发展的新状态，国内教师专业发展还需要从深度、宽度和效能上多下功夫，多借鉴发达国家的培训体系。

首先，培训内容要更具有深度，更加专业化。现有培训内容很多都存在“空大上”的特征，无法契合教师专业发展的实际需求，没有体现专业性。现有培训机构或部门需要加大开发课程资源，使之更加符合现代教育的要求。

其次，要拓宽培训方式，转变学习途径。教师的培训尽量不能脱离学校和教师个人，除去继续开发网络线上研修外，还可以引入更多的方式：鼓励教师以在职或脱产的方式进修、让老师走出去实地研学、专家座谈、名师工作室等，让老师的发展突破地域、层次，变被动控制式的学习为主动发展式的学习，提高学习的效率和成效。

第三节　中学物理教师的教学探究

一、中学物理教师教学的口语特征

（一）中学物理教师教学口语的语音特征

1. 中学物理教师教学口语的语速特征

物理是一门自然科学，它是通过教师演示实验、学生探究实验，对实验现象进行观察、分析实验数据进而引出物理概念并总结出物理规律的科学，这个总结过程是由实践上升到理论的过程，需要经过大脑积极的思考、理解。

如果教师的语速太快，学生就没有思考的空间，影响学生对所学知识的理解；教师的语速太慢，又会使课堂教学没有紧凑感，使教师的语言表达跟不上学生的思维，因而容易引起学生的听觉疲劳，造成学生注意力分散。通过对中学物理教师教学口语的语速的观察发现物理教师的教学口语的语速具有如下特征。

（1）物理教师的语速平均在每秒钟 4 个字

通过对中学物理教师教学口语的语速的观察发现，物理教师的教学口语语速在 230 ～ 270 字 / 分钟，即平均每秒钟 4 个字。但是针对不同的教学内容，教师有时会有意加快语速来调动学生积极思考，或者是在学生都清楚教学内容的情境下加快语速以节省教学时间、提高教学效率；另外教师有时又会有意地放慢语速来对重点、难点知识进行强调，或者需要学生紧跟教师的教学思路进行深入细致的思考时教师的语速也会比较慢。

（2）女教师的语速略快于男教师的语速

通过课堂观察发现普遍来讲大多数女教师的语速略快于男教师的语速。男教师的语速平均在 230 字 / 分钟，而大多数女教师的平均语速在 260 字 / 分钟。每分钟 30 字的差异不是很多，但是在听课的时候就会明显感觉女教师的语速偏快一点，通过仔细地观察分析发现，之所以感觉女教师的语速听起来会快主要有以下两点原因：一是女教师在授课时音调相对来说高一点，而男教师的音调相对来说低沉一些，如果用同样的语速来表述同样一句话的话，高音调就会给人以快节奏的感觉；二是大多数男教师在教学口语的表述中停顿的相对比女教师多，而且句与句之间的停顿时间相对来说比较长，这样就会令人感觉语速比较慢。

2. 中学物理教师教学口语的语调特征

同样，物理教师也要掌握语言技巧，使课堂口头语言的语调随教学不同的过程和内容有抑扬顿挫之变，方能吸引学生的注意力，收到良好的教学效果。所以物理教师在课堂教学过程中要注意教学口语语调的变换，注意教学语调的丰富性。通过对物理教师教学口语的观察我们发现大多数物理教师比较注重语调的变换。

（二）中学物理教师教学口语的重复特征

关于重复的类型，不同的角度有不同的类型。从其语言本身来分，可分为形式上的重复和语义上的重复；从内容上来分，可分为全部重复和部分重复；从重复的对象来讲，有自我重复和他人重复。因为我们研究的是物理教师的教学口语，因此根据重复的对象不同，我们把教师教学口语中的重复分为教师的自我重复和教师对学生话语的重复两个类型。

物理教师在教学口语中的话语重复具有如下特征。

①在重复的对象上更倾向于对学生的话语进行重复。依据重复的对象不同，我们把教师教学口语中的重复分为教师的自我重复与教师对学生话语的重复。教师对学生话语的重复主要表现为对学生回答进行重复。之所以会出现这种情况，主要是教师的自我重复常常伴随着话语的停顿，使话语听起来不是特别的连贯与流畅，为了追求教学口语的流畅性，很多物理教师就减少了对话语中自我重复的利用，而是利用其他的方式，例如：重读，提高音调、停顿等方式来对重点内容进行强调。

②能够灵活运用话语重复的各种功能。教师教学口语中的话语重复具有如下几点功能：对学生的回答表示肯定和赞同；由学生的话语过渡到教师的话语上；规范学生的回答，为学生提供示范；对重点内容进行强调，引起学生注意，加深学生印象；对学生的回答进行补充。在对学生的话语进行重复时，物理教师能够利用不同的重复方式来灵活的运用重复的各种功能，进而最大限度的发挥教学口语的功能。

（三）中学物理教师教学指示语的特征

指示语是教师针对教学内容和学生的具体学情，对学生在课堂上的学习行为进行指导，使学生明确知道要干什么和怎么干，以维持课堂教学持续进行的言语。新课程倡导新型的师生关系，即“教师从传统的‘传道、授业、解惑’的权威角色转变为学生学习的组织者、指导者、帮助者和促进者，成为平等对话过程中的‘首席发言人’”。教师相信学生具有自主学习的动机和能力，学生也要求主动参与学习过程，积极获取知识，而不是等待教师传授知识。要充分发挥组织者的角色就要善于运用指示语来对学生的学习进行组织和指导。通过对物理教师指示语的观察我们发现，一般情况下教师的指示语都在 20 ～ 30 句附近，并且男教师与女教师在指示语的使用上没有太大的差别。针对指示语在物理课堂教学中的不同作用，一般会把指示语分为指导学生进行游戏操作的指示语、指导学生进行实验设计的指示语和指导学生对实验现象进行观察的指示语，不同类型的指示语体现不同的教学口语特征。

（四）中学物理教师教学说明语的特征

物理课堂中的说明语就是教师在教学中为阐释概念和事理使用说明的方法所构成的教学用语。

通过对物理教师说明语的观察，可以看出来每位物理教师在课堂教学中都会使用说明语来对物理教学中的有关问题进行说明，由于每位教师的教学方式不尽相同，所以对说明语的使用也有所不同，一般为 10 ～ 40 句。在教学过程中物理教师主要在如下教学环节中使用说明语，包括对游戏规则的说明，对事物的因果关系进行说明，在实验探究环节主要对实验仪器的具体功能进行说明、对实验的条件、原理、实验方法以及实验数据等各方面进行说明，此外还会对物理模型、物理规律的适用性问题等进行说明。

根据说明语在教学中的不同作用，我们把物理教学中的说明语分为如下几类，每一类说明语都有其各自不同的特点。

1. 在实验环节中的说明语

物理实验是个比较复杂的环节，在实验过程当中有很多问题当学生暂时想不到，或者是一时不明白时就需要教师予以相应的说明以帮助学生加深对问题的了解程度。在实验过程中不同环节，说明语所起的作用也不同。通过对几位物理教师的课堂教学观察发现，物理实验环节中的说明语主要集中在以下几个部分。

（1）对实验原理进行说明

物理实验的进行必须是在一定的理论指导下进行的，没有理论的实验不能算作科学的实验。但是出于学生对物理知识掌握的情况不同，所以在较短的时间内想不到最贴切的原理来对物理实验进行指导，这时就需要教师起到指导者的作用，对实验原理做清晰透彻的说明，从而使学生能够真正地了解、明白。

（2）对实验仪器的作用进行说明

分析完实验原理之后就要选择相应的实验仪器来进行实验了，但是有的物理实验仪器是学生从来没有接触过的，对学生来说会感觉不熟悉，很陌生，因此就需要教师对最新引进的物理实验仪器做相应的介绍并对各个器件做相关的说明。

通过观察发现，当物理教师在对相应的实验仪器进行介绍说明时要具有明确性，每一部分分别具有什么功能，一定要清晰明白地予以解释和说明，并注意在进行说明时要结合着实验仪器的演示一起来说，即教师要边演示边说明，这样才会使学生对实验仪器的作用与原理有更清晰明白的了解，加深对实验仪器的印象。

（3）对实验条件进行说明

物理实验都是在一定的条件下进行的，而某些物理实验的规律只能够在一定条件下才能够成立，而当条件改变时原来适用的规律也许就不能成立了，因此，在进行物理实验的过程中，教师要注重对实验的条件进行强调说明，以引起学生对条件的注意。

（4）对适用性进行说明

很多物理规律只有在满足一定条件时才能够成立，倘若条件不满足的话，那么真理也会转变为谬误。所以，当得出一个物理模型或经过实验探究之后得出一条物理规律之后教师有必要对物理模型及规律的适用条件进行强调说明，以引起学生的注意加深学生的印象。

2. 进行因果关系推论时的说明语

物理教学中往往通过实验来对学生进行物理教学，而实验显示的物理现象背后都隐含着一定的物理规律，因此教师要善于引导学生通过现象来分析原因，培养学生积极思考的良好习惯。因此，教师在教学过程中就要对因果关系进行相应的说明。

3. 总结物理方法时的说明语

物理学是从自然哲学中分化出来的一门学科，因此在对自然现象进行研究的过程中蕴含了丰富的方法论。物理教学不仅要让学生了解相应的概念，掌握相应的规律，而且要使学生对学习过程当中所接触到的方法论内容有所了解和掌握。这就需要教师对相应的方法进行解释说明，以便于学生了解和掌握。

二、中学物理教师教学的能力结构

（一）相关概念界定

1. 能力

从不同角度出发，能力有不同定义。在此将能力的概念界定为：“顺利完成某种活动、任务在心理方面需要的基本条件”。能力是以人的一定的生理和心理素质为基础，在认识和实践活动中形成和发展的。

2. 教师素质

泛化后的素质指对从事某一职业在知识，能力，情感等方面的要求，它可针对个体而言，也可针对某一群体而论。教师素质是一个群体概念，指教师为完成教育、教学任务所应具备的心理和行为品质的基本条件。所以就教师素质和教师能力而言，教师素质的内容更广，教师能力及教学能力只是教师素质的组成部分。

3. 教学能力

教学指“教师引起的维持及促进学生学习的所有行为”。教学能力指教师在实施和完成教学活动的过程中所应具备的心理方面的基本条件。

4. 能力结构

结构是一个严谨复杂的概念，在不同领域有不同的含义。我国学者罗树华等对结构做过一个简单的定义，认为“结构是事物组成部分的搭配和组合”。能力结构，是指组成教学能力的一个整体框架和搭配。

（二）中学物理教师教学能力结构模型的建构

1. 中学物理教师教学能力结构模型的建构思路

（1）建构教学能力结构的一般过程

建构中学物理教师教学能力结构模型应该经过文献和实践回顾—形成教学能力结构初模型—鉴别验证能力结构模型—修改—系列过程。这个过程本身是耗费人力、财力、物力的。但是，无论是从教学实践角度出发，抑或是心理学领域，我国学者在教师能力结构研究领域已经取得大量研究成果，这些成果也非常具有价值。所以，本文并不是从零开始研究确认物理教师教学能力结构的，而是利用已有研究成果，结合当前中学物理教学实际，建构出中学物理教师教学能力结构模型。

（2）教学能力结构建构的出发点

①以现有的文献为基础，梳理教学能力研究方面的成果，形成系统、全面的教学能力结构模型。

②建构的教学能力结构模型应该是实用的。物理教师通过对照此结构模型，能够判断自己所达到的水平。也可以将此结构模型当作一套参照工具，为教学反思提供参照。

2. 中学物理教师教学能力结构“过程—因素”模型的确立

教学能力是体现在具体教学活动过程中的，所以对教学活动的分析是确定教学能力结构的一种通俗易理解的分析方法。

对教学活动可以从两个层面进行分析：第一，整个教学过程从时间顺序可分为教学前、教学中和教学后。戴维·杰克森等将教学过程分为计划、实施和评价三个阶段。在教学前，教学能力体现在对教学中存在的各种因素的认识能力；在对各个因素准确认识的基础上，整合各因素设计教学过程的教学设计能力；在课堂教学中涉及具体的教学操作能力与教学监控能力；在教学后主要涉及教学评价能力与教学创新能力。第二，现代教学论认为一个教学过程是由多种因素构成的，这些因素之间密切联系，相互作用，构成一个完整的教学系统。就物理教学而言，其构成因素主要包括：学生、物理教师、物理课程、教学环境。完整的教学是在不同教学阶段，教师对这四个因素的把握与处理。

基于以上认识，在此建构出物理教师教学能力结构的过程—因素模型。不同教学阶段涉及的能力与不同教学构成因素的交叉部分就是教学活动过程中某一能力在该因素下所要具备的能力水平。

（三）中学物理教师教学能力结构“过程—因素”模型具体指标分析

1. 教学认识能力分析

在教学设计之前，物理教师必须对所教学生所处教学环境及自身知识能力储备有清楚地认识，具体来说要有以下认识能力。

（1）了解学生物理学习基本情况的能力

作为物理教师不仅要知道需要了解学生哪些方面的状况，而且还应知道通过哪些途径了解这些状况。具体说，物理教师要了解学生的知识基础，情感倾向，个性心理，学习方法和思维，生活环境五个大方面的内容。在知识方面要能认识到学生当前的知识基础，对即将学习的物理知识的认知状况。生活中，中学生对一些物理现象已有了初步的认识，但这些认识有些是模糊地，有些是正确的，有些是错误的。作为物理教师，只有清楚、准确地把握住学生的准备情况，才能有的放矢；在情感方面，要了解学生学习的兴趣、动机，对物理学科的认识和态度；在个性心理方面，了解学生在学习中成功的愿望与追求，遇到困难的毅力表现及学习情绪；在方法和思维方面，了解学生是否有计划、有步骤地学习，有科学的学习物理的方法，解决问题时的程序及思考方式；在生活环境方面，了解家庭、班级及朋友对学生学习的影响等。需要了解的内容如此之多，物理教师如何了解学生的状况呢？每个教师都有自己的经验体会，在此基础上，可以通过观察、书面材料（作业、练习等）分析、谈话、调查研究、测验等方法达到目的。

（2）更新和提高自身专业水平的能力

①主动更新教育理念的能力。教育理念决定着教育态度、教育行为。教育教学活动的最终目的是促进个体发展并为社会输送合格人才。所以，教师的教育理念是否与社会发展匹配是影响能否培养出合格人才的重要因素。人类社会在不断发展，同时社会对人才的要求不断在改变，为了适应社会要求的变化，教师必须适时的革新自己的教育观、教学观。如果教师们因循守旧，以老套路、老方法、老思想指导自己的教学，那培养出来的学生就难以适应社会的发展。新课程的实施要求教师转变教育理念，这种转变包括师生观、教学观、评价观等方面。就物理教育而言，要改变过去单纯交给学生知识与技能，强化解题技巧，以分数为导向的倾向，转向以提高学生的科学素养，培养学生科学思维方法为主要目的；物理教师要从“权威”向“指导者”转变，尊重每个学生独特个性行为的表现；为学生创设良好的环境条件，让学生表现自己。

课程改革的重要工作之一就是将教师从阻力状态变为动力状态。新课程给物理教师带来了新意，它要求物理教师改变常规教学活动。但必须明确的一点是这些要求是自上而下施加的，教师们能否彻底转变过来，关键得依靠广大物理教师的自觉性与主动性。有人说世界上最难改变的就是“习惯”二字，能否冲破陈旧的教育观、教学观，顺利实现教育理念的转变对物理教师们的能力提出了挑战。

②更新和提高自身专业知识和技能的能力。与传统物理课程相比较，物理新课程内容加大了近代物理学知识比重，加强了物理学知识与社会生活的联系。作为一线物理教师，可能对一些新内容不清楚或者不熟悉，称职的教师能及时学习，扩充知识储备，使自己胜任新的教学任务。

在技术不断发展的今天，传播和交流媒体在不断推陈出新。“合格的教师需要跟上技术发展的步伐，更新其技术技能”。称职的物理教师应该善于接受新技术，掌握其使用方法，并将其恰当应用于教学当中。例如：教学中有些物理过程比较抽象，有些理想实验无法进行，但是利用多媒体技术可以直观生动的展示这些过程和现象，增强学生的感性认识。物理教师应该能自如地使用这些方法提高教学效率。

（3）理解物理课程的能力

①理解物理课程标准的能力。新课程改革的一个明显变化是将教学大纲改为课程标准，这不仅仅是名称的改变，它意味着新课程背景下“课程价值、课程目标、教学过程、课程管理”等与旧课程有很大区别。要真正实施新课程，教师首先要能理解这些变化的深层含义，在此基础上调整教育理念与工作方式。《物理课程标准》是物理教材编写、教学、评估和考试命题的依据，是国家管理和评价物理课程的基础。与原来物理教学大纲相比，《物理课程标准》对物理课程的基本理念进行了全新的表述；将科学探究与科学内容放在并列的位置，强调学习过程和学习方法的重要性，加强了科学、技术、社会的教育内容等新要求。

“课程标准是基础教育的灵魂”《物理课程标准》是中学物理教育的灵魂，所以，中学物理教师对课程标准的理解与认识状况直接影响着其教学实施，作为新课程的实施者，必须具备一定理解物理课程标准的能力。

②对物理教材的认识能力。首先，物理教师对物理新教材的功能要有更新更深刻的认识。改变的不仅是形式，就教科书的功能来讲，新旧教材有非常大的区别：传统教材凝聚了人类文明与知识的精华，具有学术性、权威性和知识性的特征，相应的教学是把这些知识精华传递给学生；新教材不仅注重传授知识，还把使学生理解学习过程，掌握学习方法，熏陶情感态度与价值观提到了同等高度。物理新教材的编写体现了新课程的理念，物理教师要能理解物理教材变化的深层含义。其次，要对学区所使用物理教材编写特点有一定认识。例如，高中物理课程当前出版有五套教科书，每套教科书都凝聚了编写专家对教学的独特认识，蔡铁权教授认为“教科版”《物理 2》模块教材编写突出了“设计多种探究活动；创设物理教学情境；展示物理发展脉络；发展科学思维能力；融合科学与人文；优化习题编制”的特点。彭前程老师认为“人教版”物理教材在整体设计安排上有在打好基础的同时兼顾差异；联系实际、突出 TST 思想；关注科学方法培养探究能力；注意开放性，努力促进学生学习方式多样化的实施；努力反映科学文化内涵的特点。所以，为了避免拿着新教材，想着旧教法的新品装旧酒的现象出现，物理教师要能理解所使用物理教科书的编写特点，

使自己的教学设计与教科书逻辑匹配，最大限度发挥教科书所设栏目的作用。

（4）识别物理课程资源的能力

课程改革之前，我国单一的国家课程模式导致教师很少关注课程资源的开发问题，课程资源结构单一。随着新课程的不断深入，仅靠一本教科书，一本教学参考书的教学模式已经远远落后了，课程资源的开发与利用日益成为大家关注的焦点。

课程资源是指教师在整个教学过程中，为了促进学生全面发展和帮助实现课程目标，所使用的一切人力、物力和自然资源的总和。物理课程有着丰富的资源，大致可以分为：文字类资源，实验资源，社会教育资源，多媒体资源，自然资源、学校文化资源等。

①有主动发掘课程资源的意识。罗丹说：“生活中并不是缺少美，而是缺少发现美的眼睛。”同样，在物理教学中并不缺乏丰富的资源，而是缺乏寻找资源的意识与努力。由于我国幅员辽阔，经济发展不均衡，乡村与城市的教育资源有较大差距，但是无论身处何地，物理教师们应该有这样的认识“城市中的很多东西，农村没有，而农村中的很多东西，城市也没有。鸡鸭牛羊、飞鸟小虫、小桥流水、稻田水渠，哪怕是一个土坡、一间草棚、一座吊脚楼，都可以为物理教学所用。关键在于我们善于发现它们，怎么使用它们”。

②整合教学资源与教学内容的能力。丰富的课程资源是促进学生主动学习，有个性的全面发展的保证。“从生活走向物理，从物理走向社会”的理念指导着物理课堂走出教室，让学生们从身边、从生活实际中感受物理学的魅力。做到这一点，物理教师们需要有敏锐的课程资源识别能力和敢于打破常规教学的胆识。将资源与教学过程巧妙整合，丰富学生的学习体验。

2. 教学设计能力分析

教师在对与教学有关的因素有正确、清晰的认知后，便可以进行教学设计。关于教学设计的一种认识是“以获得优化的教学效果为目的，以学习理论、教学理论和传播理论为基础，运用系统方法分析教学问题，确定教学目标，建立解决教学问题的策略方案”。实施教学前进行教学设计可以减少和克服教学的盲目性与随意性；增强和提高教学活动的有效性和可控性。传统教学中也有教学设计成分，那就是“备课”，但传统备课与现代理论下的教学设计相比存在许多不足，例如：教学目标由教材或大纲决定，没有弹性；教学进度固定，忽略了学生的初始状态；教学方法和教学媒体的使用由教师的偏好决定；教师在充当讲述角色，忽略学生的主观能动性等。新课程下的教学设计要突破传统备课的不足，对物理教师来讲，教学设计能力包括以下内容。

第一，确定教学目标的能力。课程标准是一个大多数学生都能达到的标准，具体的教学目标需要教师在对学情有充分认识的基础上，恰当调整。

第二，选择教学内容与教学资源的能力。教学内容要为教学目标服务，同时其难易程度要符合学生的水平；教学资源的选择要考虑现实条件和学生的经验。

第三，综合教学目标、教学内容、学生情况设计教学策略的能力。教学策略是“为达成教学目标，完成教学任务而采用的一整套比较灵活的教学行为”。中学物理教学策略设计包括：教学活动的安排，例如创设情境、提供学习指导、提供反馈等教与学的具体行为的安排；具体教学方法的选择要与具体教学内容特点匹配，例如，关于物理知识的教学宜采用讲授法，物理规律教学适用探究方法，物理现象教学适合实验演示方法等；选择合适的教学组织形式，例如，选择学生实验的形式，合作或自主学习的形式，现场参观教学的形式都需物理教师结合具体情况恰当选择；教学时间分配，物理教师应该合理分配每种教学活动的时间，保证学生学习的时间。

第四，物理教学测评设计能力。教学测评可以获取反馈信息，检查学生的进步情况，诊断学生的困难。在教学设计时，物理教师应该有步骤、有计划地把教学测评融入其中，以保证教学环节的完整性。

3. 教学操作能力分析

课堂教学中教师需要进行一系列的活动，活动中表现出具体的操作能力有以下几种。

（1）与学生沟通对话的能力

与学生的沟通对话能力是实施教学的一项最重要的能力。人类沟通和合作的主要媒介是语言，教学主要是通过师生之间的对话展开的。不可否认，传统教学也是一种沟通对话，但这种对话存在诸多问题，例如：教学以教师讲授为主；短平快的问答仪式；对话主题是由教师预先设定好的，源于学生的问题与提问的对话很少。这种以教师为中心的对话方式忽略了学生的需要。越来越重视学生主体的教学理论认为，教学应该是通过教师与学生的合作实现，教师应该“把学生作为沟通与活动的主体，促使学生成为学习的主体”。

新课程背景下物理教师的沟通对话能力具体表现为有效地表达能力和有效地提问能力。

要突出表达的有效性，首先，教师应该考虑学生的背景与经验，根据学习者的理解水平采用合适的表达方式。物理教学语言首先要做到准确、科学，为了易于学生的理解还应使语言通俗易懂，深入浅出。物理教师不能照搬课本，而要学会将“书面语中过于简练文雅的地方加以阐释和改造”，使之适合学生的理解。例如，对高一学生来说，他们正处于从感性思维向理性思维转换的阶段，物理教师的语言应该考虑到学生的实际情况，不宜使用理论性太强的语言。第二，用不同的方式表述概念。物理概念一般是抽象的、概括的，单独靠言语性的描述并不能保证学生听得懂，想得明白，尤其是一些抽象的理想模型、理想实验在生活中或者实验中并不存在，物理教师要尽可能使用学生易于理解的表达方式来表述，所以，除了语言说明，物理教师还应善于借助动画、图示、模型等方式来表达。比如，伽利略的理想斜面实验可以通过多媒体动画的形式向学生展示。第三，通过体态语言与学生交流。在教学活动中，教师的表情、目光、音调、手势、停顿、肢体语言等都在对学生传达一种信息。称职的教师会将有声语言和体态语言巧妙结合，提高交流的效果。

要突出提问的有效性。物理学的发展过程是一个不断提出问题，解决问题的过程。中学物理教学也应该以问题为主线展开。物理新课程要求学生经历“提出问题—猜想与假设—制定计划与设计实验—实验与收集证据—分析与论证—评估—交流与合作”的科学探究过程。可见，提问是点燃学生科学探究的导火索。

对教师来说，提问是启发学生思维，创设发现情境，组织学生参与的重要教学手段。所以，掌握有效地提问技巧对每位教师都十分重要。有效地提问能力表现为：

第一，设计问题的能力。教师应能设计出清晰、恰当、具有启发性的问题。课堂提问时掌握一定的表述技巧，提问时要遵循共同参与原则，所设问题应该面向全体学生。

第二，关注学生问题的能力。教师不仅要善于提问，而且要鼓励学生提问。学生的问题可分为自主产生的问题和教师诱思出的问题。当学生主动提问的意识不强时，教师应该多诱思，当学生主动提问时，教师应该及时跟进，圆满回答。

（2）组织实施具体教学活动的能力

从教学内容角度分析，中学物理教学课型有概念教学、规律教学、习题教学、实验教学、复习教学等。针对每种课型的特点教学要求与教学程序各不相同。熟练掌握每种课型的教学程序是实施教学活动的基础，在此之上可以通过灵活运用各种教学策略，教育机制提高教学实施能力。从学习方法角度分析，物理新课程要求学生改变学习方式，提倡学生进行自主、合作、探究式的学习。首先，不同的学习方式对应不同的教学模式，这就要求物理教师能灵活掌握相应的教学模式的教学方法和策略。其次，学生学习方式的转变离不开教师的引导和帮助，中学物理教师必须具备指导学生进行自主、合作、探究学习的能力；针对不同学生的特点，能灵活运用促学方法、手段与策略。

（3）转变角色与教学行为的能力

转变角色与教学行为的能力是针对新旧课程过渡阶段而言的。众多的教学理论研究和新课程实施的要求都表明：教师在教学中的角色发生了巨大变化。能否顺利实现角色与教学行为的转变是对每个教师应变能力的考验，物理教师也不例外。不论国内外，教学改革都在持续进行，教育未来将遇到什么样的情境也不可预知，但是无论处于怎样的教学环境中，教师对变革和改革应该持开放的态度，主动增强自身对环境的适应性。

（4）使用教学资源的能力

物理课程的资源十分丰富，包括文字教学资源、多媒体教学资源、实验室资源、社会教育资源等。文字教学资源是教师们熟悉并经常使用的。物理学是以实验为基础的科学，物理实验应始终贯穿在物理教学中。每位物理教师首先要具备过硬的物理实验能力：具备做好演示实验，学生实验的能力；具备指导学生实验的能力；能从实际条件出发，设计、改造实验；自制教学仪器、教具等。在国家对基础教育的大力支持下，普通中学的办学条件和师资设备逐渐改善，多媒体教学设备逐渐普及，教师们要能操作各种技术设备，即具备运用现代教育技术教学的能力。在多媒体与课程整合中常会出现“沿用传统教学方式；忽视学生的主观能动性；师生之间缺乏必要的互动；重形式，轻内容；满堂灌、屏幕灌与屏幕问”的误区。所以，具备使用多媒体技术的能力不仅是知道怎么操作技术，还应明白什么时候该用，怎么用教学效果才好，恰当使用技术。

长期以来，物理教学对社会教育资源的开发与利用程度不够。新课程下，鼓励物理教师将课堂搬出教室，走到操场、工厂、田间和社区。物理教师不仅要有开发教学资源的意识，还要敢于争取资源。把教学与生活联系起来，为学生创造亲自实践、手脑并用的机会，提高其动手操作能力。另外，物理学与化学、生物等学科有密切的联系，物理教师应该有与其他同事合作的意识，在教学中充分利用其他同事的学科优势协助自己教学，这也是一种发掘课程资源的方式。

4. 课堂教学监控能力分析

（1）激发并保持学生的学习动机的能力

教师激发学生学习的动机的技能是指“教师用以调动学生学习积极性，使他们在课堂学习中始终保持学习的活跃状态的各种教学行为方式”。

能否使学生持续积极地投入到课堂学习中去很大程度取决于教师是否具有激发并保持学生的学习动机的能力。心理学研究表明，“学习需要是学习动机的核心内容”。激发学生学习动机的关键是教师能在教学的各个环节唤起学生的学习需要。学习需要有不同的表现形式，比如学生对学习物理的必要性的认识，对物理学的兴趣和爱好，以往学习物理的过程中的情感体验等。所以，在教学开始阶段物理教师要能设置一定的情境引起学生的学习需要，在教学展开的阶段能通过一定的目标刺激学生的情感需要，在教学结束阶段能通过发挥成功效应等手段强化学生的学习动机。为了发挥学生的潜能，发挥他们的主体能动性，物理教师必须掌握调动学生积极性的策略方法。具体而言，在物理教学中激发学生的学习动机的策略有：教师在教学中善于通过日常生活中的物理现象激起学生的内在需要；用新颖的、与经验冲突的、出乎意料的事例或实验唤起学生的好奇心，求知欲；课堂上多设置学生实验，让学生亲自动手，增强其真实体验等。

（2）准确细致捕捉学生心理、行为的变化，并提供支持

称职的教师在教学中能够敏感地认识到学生何时需要帮助。在教学中一些迹象往往可以显示出学生在某部分遇到了障碍，例如：注意力不集中、缺乏投入、不能迅速回答教师的问题等。相同的内容，不同学生的理解和接受能力不同，教师在教学过程中应该有意识地去发现那些表明学生需要帮助的迹象，重视学生的反应，提供及时有效地帮助。能否提供有效地支持，一方面依赖于教师在实施教学之前的准备充分与否，另一方面依赖于教师的教学经验。在教学准备阶段，教师要对学习者的困难和问题进行预测，并做好准备。预测学生学习困难和问题时，有经验的教师可以根据以往积累的教学经验；新教师除了注重自身经验积累外，还可以向前辈寻求帮助。

（3）对学生的表现及时给予高质量的反馈

教学内容应该是生成的，而不是预设得越来越受到教师们的认可。在“生成”理论下，教学设计不可能是周密完善的。在课堂情境中，不免会出现意外情况。此时，教师的反馈调节能力就凸显重要。对学生的表现及时给予高质量的反馈包括以下几点。

第一，及时捕捉学生的学习动向，这是提供反馈的前提与基础。

第二，灵活使用各种反馈策略。在选择该使用哪种反馈策略时，教师的依据有两点：学习任务的难易水平和学生的认知水平。教学中如果某个学生的物理知识经验储备比较充分，当前的学习内容所需的认知水平又较低，此时物理教师只需要提供正确与否的反馈。相反，如果学生的原有经验不足，当前的物

理学习内容又较抽象，难懂时，物理教师就应该通过解释、类比、用新事例或拓展概念或物理定理的内涵去提供阐述型反馈。例如，在解释电场做功与电势能变化的关系时，可以通过类比重力场的方法来阐述。

第三，努力保证反馈的开放与公平。在以往的课堂中，教师扮演知识的传递者，课堂中的权威的角色。新课程中对待师生关系强调尊重、赞赏；对教学关系强调帮助、引导。教师打破自己传递者，权威的角色首先要做到乐于倾听学生的观点和理由，给学生机会为其不同的答案做辩解；意味着能给予学生最基本的尊重，在提供和接受反馈时能对所有学生一视同仁。在高考指挥棒的作用下，教师们难免过分关注学生的成绩，所以在教学中出现了关心“好学生”的反应，忽略“差学生”的需求的现象，这种教学是不公平的。作为实施新课程的教师，应该努力克服这种倾向，关注每一位学生的发展，让每一位学生体会到学习的乐趣。

（4）恰当处理课堂意外的能力

突发事件是课堂上临时突然发生的为教师所始料不及的事件。在处理这类事件时教师应该掌握的策略是：首先，迅速判断突发事件的性质，对于不会破坏课堂教学活动的事件，教师可以根据具体情况，“充分认识和挖掘突发事件包含的积极因素，灵活处理和引导，化消极因素为积极因素，变阻力位动力，使其成为启迪学生智力的好机会”。对于使课堂教学难以进行的恶性事件，教师要慎重、理智处理。如果教师勃然大怒，这样会影响到全班学生的情绪，使课堂教学无法正常进行，当然教师更不能置之不理，放弃对学生的教育。总之，课堂意外的恰当处理依赖于教师的教育机智以及对自身情绪、情感等因素的有效监控。

（5）教学的自我监控

教学的自我监控能力指教学过程中教师运用元认知等策略，对自己的教学的自我检查、自我评价、自我指导和自我监控的能力。课堂教学中教师自我监控的内容具体为：第一，情绪、情感的自我监控。为了感染学生，达到师生之间的情感交流，教师应该能保持自己的情绪情感使之处于最佳激起水平；教师不应该把私人情感带入课堂；冷静理智的处理不良事故。第二，教学速度的自我监控，物理教学中，教学速度的监控由教师语速监控、演示实验速度监控等。教师的语言应该向“准确简洁、环绕主题、紧扣中心、循序渐进、前呼后应、滴水不漏、步步为营、活而不乱”的水平发展；在物理演示实验教学中，演示速度要力求突出实验重点，演示快慢适中。

5. 教学评价能力分析

“教学的最终目的就是期望改变学生各方面的行为”，所以教学目标是期望学生行为发生变化的方面。要判断学生是否达到目标的程度就必须进行教学评价。从这个角度讲，教学过程的组成必然包括教学评价。教学评价指“对教学活动进行价值判断的过程”。根据教学活动的构成要素，教学评价内容可分为：对学生学习的评价，对教学过程中教师活动的评价，对课程的评价以及对教学环境的评价。由于教学环境的相对固定性，对其进行评价意义不大。所以中学物理教师对应的教学评价能力主要包括：学生物理学习评价能力，物理教学自评能力，物理课程评价能力。

（1）学生物理学习评价能力

教师具有物理学习评价能力的表现如下。

第一，教师能找准评价的侧重点。一般情况下，对学生学习的评价包括学习过程和学习效果两方面的内容。由于教学效果容易测量，表现明显，易于操作而被教师们普遍采用；而教学过程的评价由于难度大、花费的时间多而被教师们忽略。但是学习过程最能详细展现学生的行为变化情况，要全面、客观了解学生的情况对学习过程进行评价很有必要。所以新课程下物理教师需要更多关注学生学习过程的评价。

第二，能灵活使用不同评价形式。基于不同的目的，有不同的评价形式。在教学开始前，教师必须判断所教学生是否具备了接受新的学习任务的条件或基础，此时宜采用诊断性评价。在教学中为发现存在的问题，判断学生的学习程度，调控、改进教学时宜采用形成性评价。为了解阶段性的教学成果，教师可采用终结性评价。除此之外教师还应掌握不同评价实施的程序和方法。例如新课程提出三维教学目标，教师判断学生所达到教学目标的程度，根据具体内容，可以选择不同的方法，不必拘泥于纸笔测验。比如，在判断物理知识的掌握情况可以借助测验；在技能方面，可以选择让学生演示实验的方法来评价，不再拘泥于考实验的方式；在情感态度价值观评价方面，为学生提供选择与观察的机会等。

第三，能根据评价结果为学生提供指导。针对评价结论中存在的问题，教师要能为学生提供矫正学习的方法，并对学生分类指导、因材施教。

（2）物理教学自评能力

自我评价是教学反思和改进教学的前提，是教师自主发展的内部驱动力，中学物理教师必须进行教学自评活动。教学自评能力是指教师参照一定的标准，对教学活动中教师的成分作出价值判断的能力。教学自评时首先必须以科学的评价标准和要求为参照，不能以教师的主观感受和观念为参照，否则会造成评价结论不客观准确的现象。就自评内容而言，包括对教学过程的评价和教学效果的评价两方面。课堂教学结束后，教师可以从本堂课的教学设计是否完善，教学方法使用是否恰当，所设计的教学活动是否顺利完成，教学资源是否有效利用层面来反思自己的教学过程；可以通过观察学生的课堂参与状态，学生的课堂行为表现和完成学习任务的情况等途径评价自己的教学效果。同事、学生、家长的反馈意见也会为教师的自我评价提供多种信息。

（3）物理课程评价能力

广义的课程评价是指“以一定的方法、途径对课程的计划、活动以及结果等有关问题的价值或特点做出判断的过程”。在这个概念下课程评价具有“课程改进”“针对学生的特点”“行政法规”的功能。但是课程评价涉及范围较窄，只涉及课程评价的改进功能，即“判定哪种教材和教法是适当的，需要在何处加以改进”。课程评价理论认为课程评价的成员应该包括教师、管理人员、学生和普通公民。但我国在单一课程的长期实践中，教师参与课程评价的机会几乎没有。基础教育课程改革的理念与策略之一是促进课程的民主化与适应性。当前国内实行国家、地方、学校三级课程管理制度。这改变了以往课程管理过于集中地状况，增强了课程的弹性。三级课程管理制度为一线教师参与课程建设提供了机会与制度保障，这要求教师发展与之相适应的课程评价能力。物理教师的课程评价能力主要表现在以下方面。

第一，要有意识、主动参与到课程评价当中来；改变单纯执行命令要求的习惯，敢于质疑，善于提问。

第二，了解参与课程评价的途径，教师可以直接参与评价也可以间接参与。在教育管理部门组织课程评价时教师可以直接提供评价信息。另外也可以通过接受访谈，填写调查问卷的途径间接参与课程评价，为改进物理课程提供反馈信息。

第三，了解评价的具体对象。教材，课程实施内容，教学技术、教学方法等都可作为课程评价的对象。当前我国普通高中所使用的五个版本的物理教材各具特色，我们国家地域辽阔，各地经济文化发展不均衡，教学资源，教学条件各不相同。物理教师可以从所使用教材的准确程度，与当地学生水平适应程度，与当地教学媒体、实验器材的匹配程度方面评价物理课程。

6. 教学创新能力分析

创新是对旧事物的本质性变革或改进，根据其程度可以分为发展、发现和发明；根据其新颖程度可分为创造、改造和改进。关于什么是教学创新能力是仁者见仁、智者见智。根据创新的定义，教学创新能力是指教师在教学活动中（包括教学前、教学中和教学后），改进或发展已有教学或创造性开展教学活动的能力。教学创新应该贯穿于整个教学过程中，教学创新能力表现于教学活动的各个环节，是教师形成独特教学风格的前提。

物理教师不仅自己要努力将创新精神融入教学设计，教学实施及教学研究中去，而且还应在教学中对学生渗透创新教育。具体来说有以下几项能力。

（1）培养学生的创新能力

创新能力不是天生的，它和其他能力一样是可以培养，是通过在实践活动中建构知识，获取体验，形成技能而发展形成的。物理教学中，教师可以通过物理实验教学的方式培养学生的观察能力、想象能力、实践能力、获取信息的能力等。在创新的过程中，人们现已总结出了一些创新技术理论用以提高人类的创新活动效率。例如创新的综合原理、移植原理、组合原理等。物理教师适当地渗透这些技法的训练也能提高学生的创新能力。

（2）物理教学创新能力

在教学准备阶段，尝试打破传统教学模式，创新教学设计，创新教学方法；在课堂教学中，发展教学机制；在课后及时反思，能形成书面形式的反思成果，撰写教研论文等。另外，在教学中能结合本地资源，策划组织具有地方特色的物理教育教学活动也是教学创新能力的一种体现。

三、促进中学物理教师教学能力发展的策略

教师专业发展是一个终身发展的过程，教学能力发展作为教师专业发展的核心内容也是一个终身发展的过程。教师教育承担教师职前培养和职后培训、专业成长双重任务，其目的是要为即将和已经成为教育者的教师提供理解客观世界和生命的价值、意义的知识与阐释这些知识的能力，为下一代在认识、理解、阐释客观世界和自身生命的价值与意义提供指导。教师专业发展除了外部力量的推动也离不开教师自身的努力，所以从物理教师教学能力职前培养，在职物理教师教学能力测评，物理教师教学能力自主发展三个方面提出促进中学物理教师教学能力发展的策略性建议。

（一）物理教师教学能力职前培养策略

职前培养一般指师范教育阶段，在建设开放性、一体化教师教育体系思想的指导下师范教育阶段的内容与实践应该有所创新。着眼于教师专业终身发展的要求，师范教育阶段要注重理念、素质、能力、知识的综合培养，完善教师的能力和知识结构。结合中学物理教师教学能力现状，促进中学物理教师教学能力职前培养的具体策略有以下几种。

1. 调整师范教育内容

在专业知识储备方面，物理师范生应该掌握物理学科与中学生物理学习心理等方面的知识。在物理学科知识方面，师范生要能够正确理解物理学基本知识，掌握学科基本技能，对物理学的现代发展和应用，与相近学科的联系有所了解。更进一步，要对新课程下物理教育的目标，价值有初步理解。在中学生物理学习心理知识方面，要了解中学生学习物理的认知特点、心理发展规律。中学物理教师在近代物理学内容、物理前沿发展状况、跨学科知识方面的储备不足。所以，在师范专业课程设置方面应对这部分课程加大师资投入，完善物理师范生的知识结构。

2. 注重教学实践环节训练

在职前培养阶段，储备教学所需的专业知识是教学能力发展的基础，更进一步的要求是物理师范生必须具备初步执教的能力。一项对中学优秀教师所应具备的各种能力的形成时间的研究表明：除了语言表达能力外，教育教学所必需的其他能力，如处理教学内容的能力，运用教学方法的能力、教学组织和管理能力、科学研究的能力，教育机制、与学生交往的能力，有65%以上是在任职以后形成的。但是，当前中学教学的现状是对新教师和老教师的教学要求是相同的，新教师上岗后必须马上能承担起教学任务。为了帮助师范生毕业生顺利实现过渡，职前的教育实践就尤为重要。但是目前师范生的教育实习中存在的问题是教学实习机会太少、时间太短，8周左右的教育实习实践无法保证师范生得到真正的锻炼。当前免费师范生的培养过程中设置了半年的实习时间，有效改变了实习时间不足的问题，但实习时间的安排欠妥，在本科四年级实习不可避免会遇到实习与就业的冲突。所以为了保证师范生在职前教育实习中得到真正锻炼，应该做到以下两点。

（1）科学安排教育实习时间

师范院校应该考虑将教育教学实习分布在各个学期或者学年，这样通过多次实践不仅可以起到学以致用的作用，而且每次实习后的总结与反思在下次实习中又能得到锻炼与强化，切实提高师范生的教学能力。

(2) 科学管理教育实习过程

首先要为师范生提供真正愿意接受实习生的学校，如果有条件，尽可能为其提供在不同学校实习的机会，丰富师范生的感受与经验。尽量避免将师范生安排到管理松散的学校实习。其次，师范院校要加强对实习过程的管理。为了保证教育实习的效果，不能仅依靠实习带队教师和实习指导教师个人的力量，应该通过建立科学的实习管理机制作为保证。这种机制包括：在实习前给师范生呈现详细地教育实习目标，这不仅包括教学次数的要求，还应包括具体教学技能的训练要求；为实习指导教师提供支持，通常实习指导教师都是由实习学校随机分配的，这些教师的指导能力与经验如何，师范院校无法控制。所以，为了提高指导教师的指导能力，师范院校应该开展对他们的培训，使其明确指导任务与责任，并提供相应支持；重视实习评价，教育实习是手段，形成和提高教学能力是目的，及时对实习工作进行科学认真的评价有利于师范生及时发现个人能力不足，明确今后专业学习和技能训练的努力方向。

(二) 在职中学物理教师教学能力测评策略

教师专业发展研究表明：职后工作期间是教学能力发展与完善的重要阶段，并且在知识信息爆炸、教育教学情境快速变化的当今社会，教师应对教学实际的能力不能单靠职前培训获得，也不能仅靠短期的教学实践而形成，尤其是教学对教师能力要求不断改变之时，任何教学能力都不可能一劳永逸的获得。因此，教师必须在教学工作中，不断发展培养自身教学能力，物理教师也不能例外。教学能力的培养与发展必须有一定的目的和方向，而教师能力评价正是为每位教师的能力的发展寻找方向。从前面的调查结果得知，阻碍中学物理教师教学能力发展的主要因素之一是“考试升学压力”，以学生的考试成绩作为评价教师教学工作的标准对教师教学能力发展并没起到促进的作用，所以必须在学校开展以促进教师教学能力发展为目的的教学测评工作，重建评价标准。

1. 教师评价

教师评价是指“对教师教学工作现实的或潜在的价值做出评估的活动”。基于不同的评价目的，教师评价有不同的类型。比如成果性评价（又称终结性评价），是为了提供教师能否被聘任的依据而进行的一种评价，它是通过对教师所教学生的学习发展和行为变化来对教师的劳动价值作出的一种判断；教学行为评价（又称形成性评价），是为帮助教师改进教学方法，提高教学质量而进行的一种评价，它评价的对象是教师的工作。

2. 中学教师教学评价过程中存在的问题

（1）重成果性评价，轻教学行为评价

多数情况下，中学进行教师评价的主要目的与教师的奖惩、聘任、续聘、解聘有关；忽略了为促进教师教学能力发展而进行的评价。这样的评价过程缺乏对教师教学行为信息的收集，教师的缺陷和弱点得不到及时确认和定位，从而导致教师行为不能有针对性的调整，无法为教师教学能力发展提供支持。

（2）评价标准不科学

“提到教师评价，我们马上就会想到根据教师所教班级学生的成绩排名来评定教师的等级。”这种评价标准并不能如实反映教师的教学水平，使教师收获甚微，甚至会给教师带来身心上的负担。

（3）评价标准不分层次

不分具体学科，不分教学年限，所有教师都使用同一个评价表的方式会制约教师创造能力的发展；对于刚入职的教师来说则会形成心理压力。

3. 物理教师教学能力测评策略

为了促进物理教师教学能力发展，当前应该致力于建立有效地中学物理教师评价体系。为解决以上问题，可以采用以下策略。

（1）确立科学有效地教师评价标准

有效的教师评价标准应该致力于促进教师专业成长与发展和保证教学的质量。评价标准要科学有效，对评价内容有详细的诠释，易于操作；评价标准要有层次，不同学科标准不同，对教师提供个性化评价。从这个层面讲，有必要制定中学物理教师教学评价标准。

（2）培训评价者策略

为了保证评价工作的科学与公平，学校或教育管理部门有必要对参与评价的人员进行相关培训。因为教学评价是一个复杂的认知活动，对同一个教学现象不同人会有不同的认知结果，所以评价的准确性依赖于评价者的评价能力。新课程下，教学管理者、同行、同事都可能成为评价者，为了确保评价的客观与准确，有必要对评价人员进行专业培训。

（3）提供评价反馈和后续培训机会

教师评价的目的是促进教师专业能力的发展，在收集完评价信息后需要对其进行分析、总结，发现问题，为教师提供有针对性的反馈信息与改进计划，帮助其明确发展方向。如果有必要，可以提供相应的培训机会。

（三）中学物理教师教学能力自主发展策略

面对现在的教育形势，教师专业发展不能单纯依靠外界力量，每一位教师都必须具备自主发展的意识。“教师专业成长最终取决于教师自身，纯粹依靠外力的教师专业化使教师职业获得一定的地位，但并不必然的促进教师个体专业发展”，专业发展当然包括教学能力的发展。所以，在教学能力的形成与发展过程中，中学物理教师要有自主发展意识，自主发展方法。

1. 学会探究与反思

中学物理教学要求教师注重培养学生的科学探究能力，对物理教师来说，不仅要有科学探究教学的能力，在教育教学工作中也要有探究反思的能力。具体来说，对于教学中遇到的问题不能熟视无睹，要善于对教学现象进行观察分析，概括经验并积极地寻求验证。物理教师要通过反复实践掌握探究反思的方法，提高教学质量，发展教学能力。

2. 做一名反思型实践工作者

中学教师处于教学一线，对教学工作有最直接、真切的体验，他们具备将“行动研究”与“课堂教学”密切结合的有利条件。在教学中，教师们可以结合一定的理论和自己的经验，创造新的教学方法和专业经验，做一名反思型实践工作者。新课程为教师们提供了更丰富的研究素材，物理教师可以通过对物理学科教学的实践反思提高教学能力。

3. 掌握现代教学资料管理方法

教师在日常教学中会形成大量的文字或其他形式的教学资料，这些资料是日后反思与改进的基础。如果教师不善于管理这些资料就会降低知识学习和使用的效率。所以，作为现代教师掌握必要的教学资料管理方法很有必要。在教育教学研究中，已经开发出了教学档案袋、个人知识管理等方法来帮助教师管理个人教学资料。中学物理教师可以通过学习这些方法，提高专业知识更新速度，发展教学能力。

（四）学校促进中学物理教师教学能力提升的策略

1. 发挥中学物理教研组的学习共同体功能

教研组内，可以老带新，新促老。教研组是教研的基本单位，彼此间熟悉，交流可以做到知无不言，言无不尽。

中学物理教研组是物理教师开展教学活动的基础平台，通过这样的平台，物理教师一起合作，根据学生学习情况分析教材，根据四维教学目标制定教学计划，以强化学生核心素养目标研究教学方法与技巧，优化教学方案，提升课堂教学效果，同时也提升教师的教学研究能力。

为了能够促进教师课堂教学能力的提升，中学物理教研组经常随堂听课和定期组织公开课等一系列促进教师教学能力的活动。通过开展日常随堂听课，使授课教师发现在中学物理课堂教学中存在的不足，帮助授课教师改进教学，经过一段时间的课堂教学实践，通过开展定期的公开课展示实践的结果并发现新的问题，再进一步地改进教学，最后进行教学实践。通过开展这样的教学研究活动，能够使教师之间相互的学习，促进物理课堂教学能力的提升。

2. 强化中学物理教师的教学技能

（1）增强教育信息技术的运用能力

现代信息技术的大力发展给中学物理课堂教学带来了帮助，随着电子白板、投影仪、3D 打印技术等应用于中学物理课堂教学，给中学物理教师的教学带来极大的便利。在课堂教学中遇到比较抽象难以理解物理概念或者物理模型时，教师可以借助多媒体辅助教学，通过给学生播放有趣的物理图片或者视频，强化学生的感性认识，帮助学生理解抽象的物理问题。开展中学物理教学时运用现代信息技术能够提升课堂的广度与深度，让学生接触到教材以外的但又在教学范围以内的物理知识。拓展了学生的物理视野，丰富了学生的物理观念体系，培养了学生的科学责任感。随着国家在教学设施上投入，现在很多的中学基本上都配备了成套的多媒体，但是使用的人却很少，包括比较年轻的物理教师。其中主要的原因是：不会制作物理教学课件、不会处理基本的多媒体问题，不会使用这些仪器。因此，对中学物理教师进行现代信息技术的培训是十分必要，希望中学物理教师通过这方面的培训能够将现代信息技术较熟练的运用课堂教学中，为提高课堂教学效果添砖加瓦。

（2）增强实验意识，提高实验技能

随着物理核心素养中提出重视学生的科学探究能力、科学思维能力以及科学责任感的培养，因此在中学物理教学中实验教学能力显得尤为重要。但是，在中学物理课堂教学中教师很少会在课堂上给学生进行实验操作的演示，或者开展实验探究活动，更多的是进行理论教学。缺乏物理实验的中学物理课堂教学对学生而言物理知识是枯燥乏味的，不是发自内心的喜欢物理，对学生和教师都可能会造成事倍功半的效果。缺乏物理实验的中学物理课堂教学，会影响学生养成科学探究物理实验的思维、影响学生的动手能力，对培养学生物理核心素养思想是不相符的。

为什么在中学物理课堂教学中教师很少实验教学结合理论教学呢？在和中学物理教师交流的过程中发现以下几个原因：①教师开展实验教学的意愿不强。②教师认为实验准备会花费很多的时间，在课堂上演示实验室操作时会耽搁较多的课堂时间，影响教学进度。③对某些实验器材不能熟练地操作。因此，在培训时首先重视教师的实验教学意识，其次通过观摩学习专家的实验操作，强化中学物理教师实验操作能力，最后强调中学物理教师的实验教具制作能力。

通过现代信息技术与实验教学的培训，增强中学物理教师的教学技能并服务于课堂教学，完善自身课堂教学能力的同时重视学生物理核心素养的培养。

第七章　中学物理课堂教学环境的优化

课堂是学生学习知识和发展能力的主要场所，学生是学习的主体，对课堂环境的感受和体验是其学习动力的来源。因此，创造良好的课堂环境是十分必要的。本章分为核心素养下中学物理课堂教学环境的优化、互联网环境下中学物理课堂教学环境的优化两部分。主要内容包括：中学物理教学的现状解读、物理学科核心素养的概念及内涵、核心素养理念下中学物理课堂教学环境、核心素养理念下中学物理课堂教学评价体系的构建等方面。

第一节　核心素养下中学物理课堂教学环境的优化

一、物理学科核心素养的概念及内涵

(一) 科学素养

20 世纪四五十年代“科学素养”的研究兴起之后，各国教育研究者纷纷研究，20 世纪 90 年代达到火热。美国、英国、加拿大陆续发布文件，指出本国对科学素养概念的界定。世界各国对科学素养的规定均有一定的差异，但大体上一致，普遍被接受的观点是认为核心素养包括三个方面：①对科学术语和基本概念的基本了解；②对科学的方法的基本了解；③对科学技术对个人和社会的影响基本了解。世界各国对核心素养的发展各有差异，但是都是从欧盟给出的核心素养提炼出来的几点，虽然结合自己国家的国情进行了适当的改进，仍然具有趋同性，都比较重视人的发展，重视培养人的创新能力、问题解决能力，即科学探究能力以及社会责任感。我国基于国际上公认的科学素养的内涵，结合现阶段国家发展的情况与未来发展的目标，对科学素养的内容进行了适当的深化，把“科学素养”的内涵界定在科学知识、科学方法以及科学与社会之间

的关系等三个方面内容的理解上。

（二）物理学科核心素养

科学素养的培养离不开学科知识作为载体，核心素养的培养最终还是要通过基础教育实践，实现基础教育中的各个学科的核心素养的培养是关键。物理学是一门研究物质世界最基本、最普遍的运动规律的基础自然学科，在探索自然规律的过程中，很多大物理学家开创了很多科学研究，比如伽利略的理想实验法，将逻辑推理和实验结合在一起，找到很多重要的物理规律。在物理学规律发展的过程中，这些科学方法、实验手段中包含的思想是科学素养的重要组成部分，甚至也为其他学科的提供了基本的研究方法。从物理学科的特点来看，物理学科核心素养在科学素养中有不可替代的作用。物理学科核心素养是物理学科育人价值的集中体现。

1. 物理观念

物理观念这一核心素养的实现有两个要点，一是通过物理课程的学习，形成正确的物质观、运动观、能量观等；二是会用形成的这些观念解释和解决一些常见的自然现象或者实际问题。

要实现这两个目标，在教学中应该重视两个方面的内容：一是优化高中物理知识结构，让学生习得的概念及规律有所升华；二是强化教材上的物理知识与生活中或者物理前线科技情境中的物理问题的联系。

2. 科学思维

科学思维主要包括四个要素，分别是模型建构、科学推理、科学论证、质疑创新等。想要实现科学思维的培养，则要重视以下几个方面。

首先，重视物理模型的构建过程，让学生明白模型是为了凸显问题的主要矛盾，而不是解题模版。通过精选精编以实际生活情境为背景的习题，让学生通过习题中的情境提炼物理模型，培养学生自觉的应用物理模型解决实际问题的意识，强化应用物理模型解决实际问题的能力。

其次，不仅要重视物理规律推导出来的最终结论，更要重视推导过程中用到的推导方法和思想，在推导过程中创设情境提升学生的思维能力。

3. 科学探究

科学探究主要包括基于观察或者思考提出问题、经过猜想及假设寻找证据、基于证据做出解释以及对探究过程和结果进行交流讨论和反思等。

科学探究素养的培养需要教师在教学过程中巧设逻辑推理中的关键问题，

适当的引导学生亲历推理过程，学会基于自己的疑问进行猜想、假设和设计实验。

4. 科学态度与责任

这里的“科学态度”，不同于原课程标准三维目标中“情感、态度与价值观”的态度，是广义的，包括学习兴趣、求真精神和团队作风等，三维目标中的情感和价值观也在其中。

要培养学生的科学态度和社会责任感，应尽可能让学生走向社会，创造条件，让学生用所学的知识分析、解释和解决社会实践中的实际问题，这是最好的培养学生社会责任感的方法。

二、核心素养理念下中学物理课堂教学

物理核心素养的培养最终要以课堂教学为载体，而概念课、规律课、习题课以及实验课，是非常重要的课型。不同的教学内容有不同的处理方式，结合中学物理教学的内容，分析每种课型的特点，及以往教学中存在的弊端，基于核心素养教学理念，针对物理教学中四种典型的课型设计了几个教学案例，希望对物理课堂教学有建设性的意义。

（一）核心素养理念下的概念课

物理概念建立的过程一般都蕴含着重要的科学思想方法，物理概念也为后续的问题探究提供便利，因此，物理概念的教学也是物理教学的核心。物理概念的理解程度直接关系到物理能不能学好，能不能用来解决问题。人们常说的物理难，实际上是难在对物理概念的理解。传统的物理课堂实际上也十分重视概念的教学，但是跟新课标理念下教学的重点不同。传统的概念教学着重从三个方面讲解物理概念——概念的内涵、使用条件和范围、与相似或者相关概念的区别。这样的教学过程严谨扎实，但是在讲解的过程中忽视概念的形成过程，严重缩短学生的认知过程，虽然加快了教学的进度，但是导致学生不理解概念的本质，只能死记硬背概念，用题海战术来“学会”（实际上是“记住”）“解题过程”。

新课标理念下的教学重视培养学生的科学素养，重视在教学中概念的形成过程。学生知道了物理概念引入的必要性，理解了概念是对客观事物本质属性的抽象，也就会知道物理概念的重要性和物理意义，自然也更容易应用概念解决问题。那么新课标理念下，应该如何上一节概念课呢？可参考以下课例。

1. 结合生活实际或物理学史建立概念

功是高中物理概念里非常重要的一个物理量，对功的概念的学习可以有效地促进和提高学生对牛顿力学的认识。但是功和能的概念都比较抽象，而且还牵涉到物理量正负号的问题，这也是一个学生容易混淆的地方。关于功的概念的建立过程，可以结合物理学史内容。

人教版高中物理教材《必修 2》第七章第二节对功的概念的形成过程叙述如下："功的概念起源于早期工业发展的需要。当时工程师们需要一个比较蒸汽机能效的办法。在实践中大家逐渐认识到当燃烧同样多的燃料时，机械举起的重量与举起高度的乘积可以用来量度机器的效能，从而比较蒸汽机的优劣，并把物体的重量与其上升高度的乘积叫做功。直到 19 世纪 20 年代，法国科学家科里奥利扩展了这一基本思想，明确地把作用于物体上的力和受力点沿力的方向上的位移的乘积叫作'力的功'。"这个叙述体现了"功"这个物理量的实用价值，也告诉了学生怎样计算力做的功。但学生却仍然无法理解它是如何度量机器的效能的，怎样通过比较功来知道蒸汽机的优劣的。

实际上，在物理学的发展过程中，"功"的概念是先于"能"的概念被提出来的，但对于现在的学生来说，他们是先在生活中体会到能量，再通过初中物理认识"功"这个物理量的。基于学生已有的知识，教师在讲述此处"功"的概念的建立时，应结合"能量"的概念一起讲解，指出建立功的概念实际上是为了量度力作用的过程中发生的能量的改变量，即"功是能量转移或转化的量度"。这个讲解过程中，虽然在解释一个抽象概念的同时用了另一个抽象的概念，但学生却更容易理解"功"和"能"的概念。

通过这样的讲解，学生能更加明白"功"的物理意义——力通过做功的方式实现能量的转移或转化，功的数值对应的是能量的变化。对功的物理意义的准确认识还可以让学生对"能"认识得更加清楚。重力势能的定义就是对"功"的物理意义的很好的体现和深化，在弹性势能一节，可以适当地引导学生用"功是能量转移或转化的量度"的思路推导弹性势能的表达式。功的物理意义清楚了，功能关系和能量守恒也就很容易理解和掌握了。

启示：在概念教学的过程中适当的补充物理学史内容，不仅能让学生了解一个物理概念的产生和发展过程，更加能让学生在了解概念建立的过程中更进一步的深刻的理解概念的本质。除此之外，物理学发展史上关键的突破和物理学家的伟大贡献也是物理学史教学的重点，适当的补充到教学中，不仅可以让学生亲历物理概念或者物理规律的建立过程，经历和思考概念建立的逻辑关系，还可以让学生感受到物理学家的魅力，给学生树立精神榜样。物理学家对问题的错误理解还可以让学生学会辩证地看待问题。

2. 结合学生的认知过程深化概念的建立

物理学中的很多概念都有类似之处，有些概念建立应该是在学生原有的知识结构的基础上的。例如，“点电荷”的概念可以在“质点”的基础上建立，“磁场”的概念可以在“电场”的基础上建立，“电势”“电势能”的概念可以对比“高度”“重力势能”的概念等，这样的类比不仅便于学生掌握新概念的内涵，还培养了学生的知识迁移能力。物理概念的形成并不是一蹴而就的，有些概念的形成是在学生学习的过程中不断地拓展、更改以适应自身的认知发展规律的，如“质量”和“速度”的概念。

案例一：质量

“质量”是物理学中最为基础的物理概念之一，学生在物理课程的学习中，第一次接触到“质量”的概念是在初中刚开始学习物理的时候，课本上对质量的定义是：物体所含物质的多少。学生要明白什么是质量，就要搞清楚什么是物质，而物质是一个比质量更难解释的概念，所以教材对“质量”这个概念就不再解释了，而是直接告诉学生如何用天平测量质量。学生通过初中的学习，知道怎么测质量，却并不是很清晰。到高中又会在学习中多次遇到“质量”。学习《牛顿运动第一定律》，又再次遇到质量这个概念，质量变成了惯性大小的量度，质量跟物体的惯性联系在一起。《万有引力定律》让学生看到质量又会决定引力的大小。“动量”和“动能”的概念中，我们又看到“质量”的出现。可见，在经典力学的领域中，质量是力学性质和能量性质的影响因素，但是这里质量还是守恒的。再学到微观领域，又接触到光子的质量、质能关系、质量亏损、质速方程等，这里的质量又变成了能量的量度，那么它量度的又是什么能量？质量守恒还成立吗？这已经不是中学物理的研究范畴了。

可见，学生对质量的认识是逐渐加深和拓展的，在讲解这些概念的过程中强调“质量”，让学生认识到这个概念的重要性，但并不一定要一步到位，在学习的过程中需要循序渐进，结合学生的认知特点讲解。

案例二：速度

“速度”的概念学生并不是在物理课程学习中才开始学习的，而是在小学数学就已经开始知道的，一直到初中毕业，学生对速度的理解都是：速度＝路程／时间。这个定义不涉及速度的方向，实际上是平均速率的概念，可以说是一个错误的定义。但是初中和小学阶段解决的基本上都是匀速直线运动问题，运动的方向和快慢都不变，用这样的定义有利于初学者理解和掌握。进入高一，学生开始接触“矢量”和“极限”的概念，这个时候才给出速度准确的定义，“速度”才恢复了“矢量”之身，学生才认识到瞬时速度、平均速度、瞬时速率和平均速率的区别。将平均速度定义为平均速度＝位移／时间，在这个概念的基础上，结合极限思想得到了瞬时速度的概念。矢量性和极限思想的应用，让学生对“速度”的理解更加清晰丰富。曲线运动中速度的变化，以及圆周运动中“角速度”的出现，让学生更进一步理解速度的物理意义。

可见学生对物理概念的认识在不同的阶段也会有所不同，有的概念需要不断地延伸拓展，有的概念则在认识的过程中需要更正之前的认识，再逐渐深化。在教学中要重视一个概念的形成过程，在概念的形成过程中培养学生的思维能力。

（二）核心素养理念下的规律课

物理概念和物理规律是物理学的基石和主干，物理概念的发展和物理规律密不可分，物理规律反映物理量之间内在的联系，在物理规律发现的过程中往往蕴含了重要的物理思想和物理方法，因此物理概念和物理规律是培养学生物理学科核心素养的最基本也是最重要的载体。物理规律有些是在实验和观察的基础上通过归纳分析总结出来的，比如欧姆定律、库仑定律等；有些规律是结合实际情况，再加上合理抽象的外推即通过理想实验的方法得到的，这些规律需要足够多的实验来验证，例如牛顿第一定律；还有一些是基于一些事实，经过理论推导推出来的，这样的规律也需要实验的验证才成认为是正确的，例如万有引力定律。但是无论哪一种方式得到的物理规律，都需要严密的逻辑推理。传统的规律课轻视规律得出的过程，只重视规律的内容和应用，导致学生只知道规律的内容，不知道规律的来源，不利于培养学生科学探究和创新的能力。新课标的理念下的物理教学要很好培养学科的科学思维和科学探究能力，就需要充分的挖掘规律得出过程中的关键思想和方法，让学生知其然更知其所以然，通过物理规律课的学习，知道科学探究的一般过程，知道科学探究有哪些关键环节、每个环节的必要性，进而培养学生的科学思维和科学探究能力。用两个典型的规律课，说明新课标理念下应该在物理规律课中重点强调的内容。

（三）核心素养理念下的习题课

习题课对高中物理教学的重要性不言而喻。学生对所学的物理概念和物理规律提炼和升华，习得的知识和方法能否转化成学生的问题解决能力，关键都在于习题课的教学效果。新课标理念着眼于学生的发展，重视学生科学素养的培养，那么怎样在习题课的教学中实现物理学科核心素养的培养呢？

物理学科核心素养要求学生“会用物理观念解释自然现象和解决实际问题”，解决实际问题的难点在于学生不能将物理课堂上学到的概念和规律应用到实际问题中来，之所以不能应用到实际问题中，一方面是因为对知识点或者物理模型理解得不透彻，有些同学死记硬背模型的特点和解题套路，意识不到模型的提出是为了突出问题的本质。因此，在教学中需要提醒学生抓住模型的本质特点，可以由此编写或者改变一些变式，让学生体会“万变不离其宗”的本质。另一方面，解决实际问题的困难在于，学生不能将实际问题和物理模型对应在一起。在日常的物理课堂教学中可以多举一些实际情境下的例子，强化学生把物理知识和实际问题相关联的能力，增强学生将物理知识应用到实际生活中解释和解决实际问题的意识。此外，教师也应该下意识地在习题课中尽量少代替学生读题，多展示题目，让学生自己提取信息，甚至可以提问个别学生，让学生读出声来，然后分析读题审题中的问题，从而提高学生读题审题的能力，学会挖掘题目背后的含义。

（四）核心素养理念下的实验课

实验和理论是物理的两大支柱，物理理论的发现和发展离不开物理实验，科学探究能力的培养也离不开实验。教师应多给学生动手做实验的机会。物理实验的重要性在于它是科学探究的手段，学生做实验的目的并不仅在于提高动手操作的能力，更在于学会科学探究。因此，在实验课之前应对学生做好充分的实验指导。

学生在实验课之前基本上都已经学过相关的理论，或者对实验的原理有了基本的了解，因此，在实验课之前，笔者都要求自己所带班级的学生撰写实验报告，报告的内容包括：实验目的、实验原理、实验器材、实验步骤、数据记录表格、误差分析、实验改进。

每个学生的思维特点不同，在教学中可从公式推导数据修正和等效电路两个角度引导学生分析实验误差，前者更加直观，后者更加抽象，尽量给学生充分的时间思考，体会闭合电路欧姆定律的内涵。除此之外，教师在讲解实验的过程中，可以用一些生活中的材料做一些演示实验，比如可乐、土豆、苹果等，引起学生探究的兴趣，也可以布置分组实验让学生自主探究，教师在学生自主探究的过程进行适当的点拨和提炼，有效的培养科学思维和科学探究能力。

总之，教师在实验课上要给学生自由做实验的空间，但是并不意味着教师就可以不做任何引导和帮助，实验课要以学生为主体，让学生自主完成实验，但是教师不能完全对实验课放手不管。教师应在课中指导或帮助学生克服操作中的困难，而在课前对实验的指导更加重要。教师应在课前让学生明确实验的目的，理解实验的原理，进而选择合适的实验器材，设计实验步骤以及数据记录表格。实验原理的分析是很好的培养学生科学思维的素材，教师可以通过设问的形式引导学生一步一步思考怎样实现实验目的，正确实验原理的得出应是在对基本原理理解，对实验器材熟悉的基础上的。在教学中，也可以让学生自己设计实验。

实验操作和实验记录的数据都很重要。在实验课堂上有少数学生会改动实验数据，在教学中可以举一些实例，让学生知道原始数据的重要性，尊重原始数据，比如行星的椭圆轨道的得出以及海王星的发现等。

误差分析则督促学生反思实验中的原理和操作上的问题，是培养学生思维能力的不可或缺的一部分，而改进实验让学生更进一步清楚实验原理的本质。在实验的教学中，教师可以拓展一些实验器材，用生活中的物品做实验，或者自制一些实验器材，培养学生实验探究的兴趣和意识。

实验课是物理课程的很重要的一部分，但实验课的重要性并不仅仅在于锻炼学生的动手能力，更是培养科学探究思维重要的载体，因此，实验课的指导也是实验课的重中之重。物理的实验课并不一定必须要在教室和实验室用特定的仪器才可以完成，教学中教师身体力行，精心设计用生活中的物品做实验，对培养学生的实验探究意识很重要。教师可在教学和生活中多积累，多应用。

三、核心素养理念下中学物理课堂教学评价体系

（一）物理课堂教学能力评价的目的与意义

物理课堂教学是体现教师教学能力的舞台，利用这个舞台开展评价是对教师课堂教学能力的一种诊断。希望通过评价体系，能够让中学物理教师认识到核心素养视野下自己所存在的不足，为促进教师教学能力发展策略提供主要的依据。其次，通过实践运用该评价体系，发现其中存在的不足，进而不断地完善。

（二）课堂教学评价体系建构的原则

为了能够让课堂教学评价的结果具有说服力和可信度，通过查阅资料，确定了课堂教学评价体系建构的原则主要包括：核心素养原则、发展性原则、客观完备性原则、相对独立性原则、方向性原则、简易可操作性原则等。

1. 核心素养原则

随着《普通高中物理课程标准》在教学目标中加入核心素养目标，对学生的培养开始强调学生的终生发展。在目前的课堂评价中，评价者大多数都是忽略了核心素养，为了响应物理课程改革的号召，把核心素养作为构建物理课堂教学评价主要的指导思想，深入了解一线物理教师把核心素养融入日常的课堂教学中基本情况。

2. 发展性原则

很多时候，利用课堂教学评价主要是用来甄别和选拔教师，评价者更多的是利用课堂教学评价为依据作出肯定和否定的评价，忽略教师的"教"和学生的"学"的过程，这样的做法与目前倡导以人为本的终生发展理念背道而驰。课堂教学评价是通过课堂教学发现学生和教师存在的问题，促进师生的共同发展。

3. 客观完备性原则

课堂教学评价也应该遵循客观完备性的原则。首先是客观性，既然是人为操作的评价，要做到绝对的客观公正是不可能的。在实施评价的过程中评价者尽量做到不带有主观的情绪，同时评价者应是物理课堂第一线的教师和学生，让评价的结果能够真实反映物理教师的课堂教学情况。在制定评价指标时要避开教师和学生的智力因素和非智力因素不同所带来的影响，让标准要具有代表性但又不失客观性。至于完备性是指在物理课堂教学评价中，评价者具有多方面、多角度的视野，同事评价、学生评价和自我评价相结合，总结性评价与过程性评价形结合，评价指标要系统完整。

4. 相对独立性原则

课堂教学评价制定的指标要符合现代课堂教育理念，同层次的指标之间不能存在一定的关系，比如因果关系、包含与被包含关系、交叉关系等。由于物理课堂教学活动是丰富多样，导致制定评价指标变得复杂，要保证评价指标具有绝对的独立是不可能的，各个指标之间或多或少都有一些相关性，但是每个指标之间尽量做到相对独立，减少它们的相关性，使得评价更客观，更科学。

5. 方向性原则

课堂教学是按照教学目标而进行着的育人活动，因此课堂评价方向以及评价指标的制定不能够脱离教育总体方向。通过课堂评价，能够及时发现教师教学中的问题，帮助教师及时改进课堂教学，并树立正确的教育观念，实现教书育人的人生价值。

6. 简易可操作性原则

课堂教学的不可预见性和长期性造成了评价工作的复杂性，评价工作量大，评价环节烦琐。在制定评价指标时内容简明扼要并且容易理解，使评价操作简单，通过评价的结果能够快速了解教师教学能力的现状。综上所述，作为构建物理课堂评价体系的主要依据，建立全面的课堂教学评价体系，促进教师的专业发展，增强教师的教学水平，培养学生的学科核心素养。

（三）中学物理课堂教学能力评价体系建构

在制定物理课堂教学能力评价体系时，以最新的物理课程标准为主要依据，参照了张宪魁老师的《物理课堂教学评价》中关于物理课堂评价的指标，同时结合核心素养思想，通过收集一线物理教师关于课堂教学评价的建议最终制定了评价体系的具体内容。将课堂教学评价的内容总共分为基本素养和高阶素养两大类。基本素养下面包含 5 个一级指标，根据课堂教学的结构将基本素养分为：教学目标、教学方法、教学内容、教学态度、教学效果，每个一级指标下又包含 1 ～ 3 个二级指标。高阶素养包含一个一级指标，则是关于教师对学生核心素养的培养，每个一级指标下包含 1 ～ 3 个二级指标。具体内容如表 7-1 所示。

表 7-1　核心素养下中学物理教师课堂教学能力评价体系

项目	一级指标	二级指标
基本素养	教学目标	物理学科核心素养目标突出情况
		教学目标突出重点，突破难点
	教学方法	运用多种教学方法
		教学方法与教学内容的关联度
		多媒体技术在课堂教学中的应用
	教学内容	教学内容的完整性
		教学逻辑的严谨性
基本素养	教学态度	教学课件，实验准备情况
		物理肢体语言
		普通话、板书情况
	教学效果	学生的参与度
		教学目标的完成度
高阶素养	培养学生核心素养	培养学生的物理观念
		培养学生的科学思维
		培养学生科学探究的能力
		培养学生科学态度与责任

第二节 互联网环境下中学物理课堂教学环境的优化

一、中学物理多媒体课堂教学环境的优化

（一）中学物理应用多媒体课件教学概述

1. 多媒体课件教学的原则

在新教育市场发展进程中对中学物理教学提出了更高的要求，并且需要依照一定的原则进行。教育活动属于双边的教学活动，而学生对物理知识的学习也会依照学生的个性发展和学习思维逐步变化。如果直接把多媒体教学模式落实到实际物理教学活动中，这样的实际教学效果一定不理想；并且，依照当代的教学能力以及基础理论来说，也不是所有的数学知识都适合多媒体教学，通过教学实验能够了解到在使用多媒体教学模式的进程中需要依照的原则。

（1）必要性原则

在实际教学活动开展的过程中运用多媒体教学需要考虑到教学环节是否适用于多媒体教学模式。假如可以借助黑板或者是模型教学把知识讲解清晰，在此基础上就可以不用浪费多媒体资源了。因此，在中学物理教学进程中，物理老师需要考虑多媒体教学模式的运用必要性原则，如果能够在不浪费大量人力、物力以及财力的基础上可以优化中学物理课堂，就可以不运用多媒体教学模式。

（2）适用性原则

借助计算机辅助的教学模式不能够完全的替代物理老师的教育。而且每堂教学环节如果都用多媒体辅助的话，就会导致物理老师忽视了黑板的教学作用，因此，物理老师就需要重视多媒体教学模式的适用性原则。

（3）情景原则

多媒体课件能够给学生带来真实的学习场景体验，以此来带领学生积极地探索问题，借助物理知识灵活地处理问题，从而强化学生的学习效果。

（4）效率原则

效率一般是指产出与投入之间的对比关系。其中投入越少，最终得到了效率就越高。效率是评价多媒体教学需要遵循的原则，以此来指引中学物理老师的健康教学。

（5）辅助原则

多媒体设备在实际物理课堂教学环节中主要是以辅助的方式存在的，与黑板和粉笔有同样的功效，能够给学生提供一些教学课件，但是在实际教学活动中，物理老师不能够完全的依赖多媒体设施实行教学，而是需要依照教学大纲的需要，协助学生处理重难点知识，从而增强学生的专业技能。

（6）以人为本的原则

突显学生的课堂主体地位，重视对学生学科素养的培育，并且向学生传授学习技能，逐步优化学生的学习思维，这样才能够在计算机教学模式的辅助下协助学生构建相对完整的物理知识体系，促使学生能够以其自身的综合能力处理问题，强化实际教学效果。

（7）与传统教学相协调的原则

依照教育理念而言，实际教育效果的高低需要教学模式而定，我国传统教学模式虽然说已经无法满足当下学生的实际学习需要了，但是传统教学模式也有其运用和发展的优势。调查指出，在当下物理教学课堂上，物理老师与学生的互动相对缺少，而且老师在实际教学活动中并没有思考到学生的个性发展，这就导致一些学生得不到老师的关注，从而在物理学习进程中跟不上老师的讲解脚步，这不光给物理老师的教学带来了极大的困难，还让家长和学生担心他们仍然无法得到老师的个别关注和指导。所以说，这就需要计算机设施的辅助，增强物理老师对学生的个性化指导。换句话说，当下课堂上运用的多媒体教学模式不光有其自身的教学优势，也涵盖了传统教学模式的优点，能够带动当下物理课堂的互动氛围，以及学生的个性化发展。

（8）综合协调原则

统筹不同学科知识，丰富学生的综合素养。其实每个学科之间都存在联系，单一的教学只会让学生出现破碎化的记忆，因此，在多媒体教学模式的影响下，物理老师需要统筹各个学科知识，逐步强化学生的综合学科素养。

2. 多媒体课件的类型

根据课件的功能，课件可分为以下几类。

（1）互动学习

指的是一种突显学生主体的互动教学模式。其拥有相对科学完整的教学模式和清晰的教学逻辑，一般情况下，在互动教学模式的影响下，物理老师需要选择逻辑结构清晰的教学环节，从而给学生独立自主的学习空间，让学生能够在与教材、老师以及其他学生的互动过程中感受知识的魅力。

（2）实践复习型

此种教学课件主要是以多媒体教学设施为基础，给学生创建的实践场所，带领学生学习课本知识，了解课本理论，那么在此过程中，对于表现优异的学生可以适当地予以奖励和表扬，对于表现相对不理想的学生要予以指导和教育。

（3）信息咨询类

这种课件通过交互界面，让学生以人机对话的形式选择自己想要学习的内容或信息。

（4）模拟仿真

此种教学课件主要是借助多媒体工具来观察学生的学习现状，以及课本理念的具体转化，从而能够给学生一个清晰完整的画面和学习思路。比方说，在飞机投弹时能够清晰地观察到空中炸弹的运动轨迹。

（5）课堂演示

这种课件反映了课堂上表达的教学内容，需要与教师的教学或其他教学媒体相配合。这种课件与学生没有直接的互动，要求使用课堂演示课件的教师对课件内容有深刻的理解。

3. 多媒体课件在中学物理课堂教学中的作用

（1）培养学生能力，提高学生素质

在新时期的社会变革进程中，群众的认知以及审美能力都会转变，其知识的不断积累能够强化学生的综合素养。而且在新时期的教育变革进程中，有关教育部门也提出了“学会生存和学习”的人才培养理念，基于此，中学物理老师就需要重视对学生认知策略和元认知能力的培育和强化。

那么站在现代学习理念的立场上，对学生认知策略的教育是一个把控学生学习的过程，让学生在实际学习活动中自主的选择记忆、思维以及方式，是其认知技能的一种，对学生认知能力的培育会增强学生的综合素养。比方说，学生在学习过程中遇到的困境，怎样高效的运用物理课本知识以及学习思维的培育等，都能够影响学生认知行为，因而，物理老师也需要借助语言的力量或者是多媒体教学模式，逐步强化学生的认知能力，并且在实践活动中锻炼学生的认知效果。相比较以前的教学模式，多媒体教学模式具备诸多优点，其不仅能够给学生提供有效的教学场景，而且还能够协助学生快速地了解知识，强化学生的综合素养。因此，在实际中学物理教学活动中，物理老师既要关注学生的学习现状以及学习兴趣点，也需要重视学生的身心发展规律，高效地运用多媒体教学模式强化实际物理教学效果。

元认知主要是把学生的认知结构以及认知过程作为主体，从而调节整个教学环节的过程。而且元认知的本质要求就是学生的自我认知和调节活动，在学生遇到困难的过程中，需要调节其自身的学习模式和学习思维优化实际教学效果。

另外，元认知策略也是中学物理教学进程中常见的教学模式，能够全面地指导学生的整个物理学习过程。一般情况下，这种教学模式只有在学生遇到教学问题时才会运用。因此，在中学物理教学活动中，物理老师在运用多媒体工具时就需要细心观察学生的学习现状以及学习兴趣点，通过现象找到学生的学习规律，逐步强化学生的元认知策略。

（2）促进中学物理课堂教学的最优化

中学物理课堂上的“优化”是教学需要站在学习者的要求下完成教学任务，其本质要求是育人，所以说，在实际教学活动中，物理老师也必须思考的问题。

优化教学过程的标准之一是所提出的教学任务下，学习者在知识和方法、能力发展和个性培养等方面是否能达到最高水平。优化的另一个标准是效率，即时间消耗率。在同样的教学效果下，如果教师和学生实际使用的教学时间小于当前社会所要求的平均教学时间，那么教学过程的效率就非常高。相反，如果教师和学生实际使用的教学时间大于当前的教学时间，平均必要的教学时间导致教学效率低下。优化教学过程的一般准则应从两个方面考虑。在一定的条件下，教师和学生可以达到最大的教学效果，花费最少的时间实现高质量的教学。

①利用多媒体课件模拟物理实验优化课堂教学。一些物理实验因为缺少安全的实验环境或者是实验条件，导致其无法在课堂上实际展示出来，那么在此基础上，中学物理老师如果想要增强学生的学习效果，强化教学效果，就需要借助多媒体课件给学生呈现出相对优质的实验演示，让学生能够在多媒体实验的演示的过程中感受物理知识的魅力，而且多媒体课件的演示活动能够直接冲击学生的视野，比物理老师的直接讲解更加生动，也能够让学生更加轻松地理解物理知识，强化学生的综合学习效果。

②利用多媒体课件来演示物理变化的情景或过程，优化课堂教学。就中学物理课本中的物理现象以及变化而言，学生在现实生活中看到此现象或变化较为困难，在此过程中，物理老师就可以借助多媒体课件给学生展示，比方说，在探索水平投掷的飞机轰炸有关知识时，物理老师如果采用直接灌输的形式，一遍一遍地给学生凭空的讲解知识和原理，学生理解起来肯定较为困难，那么如果物理老师可以借助优质的多媒体课件给学生展示水平投掷的轨迹，从而强

化学生的物理学习效果，而且这一多媒体课件还能够在较大程度上减少物理老师的口头讲解时间，优化了实际课堂教学效果。

③利用多媒体课件创设问题情境，培养学生的创造性思维能力。如果中学物理老师想要优化中学物理课堂，就需要在实际教学活动中协助学生自主的思考问题，探索中学物理课本知识，并且在此进程中渗透多媒体教学模式，不仅能够增加学生的学习视野，而且还能够丰富学生的学习思维，带领学生在现实生活中灵活地运用中学物理知识。学生学习中学物理课本知识时一定会有诸多问题，那么在这时中学物理老师就需要引导学生积极探索物理知识，逐步强化学生的智力，从而推动学生的全面发展进程。

（二）多媒体课件的制作与教学实践

1. 多媒体课件的设计原则

设计多媒体课件的过程中需要遵守的准则。

①追求知识表达的准确性：在制作多媒体课件时表现出内容的优越性。

②追求表达的先进性：制作课件时，要充分考虑不同层次用户的各种需求，尽可能增强软件的功能。

③追求信息表达能力：课件内容不应像书本那样全面，而应针对课程中的所有难点，抓住所有知识点，使课件具有真正的实用价值。

④追求菜单界面风格的统一性：力求界面风格的统一性、简洁性、易操作性和易用性。遵循界面服务内容、强调内容的原则，学生的兴奋和注意力不应被界面所吸引，而应被要表达的内容所吸引。

⑤追求操作简单：软件面向不同层次的用户。为了便于大家使用，制作时必须遵循软件操作简单的原则。我们必须避免一个问题，一张图片和一种操作方法。

2. 多媒体课件的制作

（1）设计流程

①教学需求分析。对于教学需求而言，其主要涵盖了课件实施的必要性探索，而且指出了当下物理教学进程中出现的问题。所以说，老师在使用多媒体课件之前就需要了解课件在实际教学活动中开设的实际教育意义，而且要保证课件对学生综合素养以及实践技能的强化，在教学需求的指导下探索多媒体课件的运用措施。

②课件的教学设计。对于多媒体课件教学设计而言，其主要是在明确教学

方向以及任务之后，立足于学生学习现状以及学习兴趣点，而创设的教学模式，属于对学生整个课堂的教学课件设计，其中涵盖了对教学任务的深度解析、教学内容的创新、教学模式的选取以及教学评价的积极落实，最终协助学生构建相对完整的物理知识体系。

③课件系统设计。在中学物理课堂上运用多媒体课件时，物理老师需要思考的问题就是怎样借助课件内容优化中学物理课堂，强化学生的物理综合素养，从而增强实际教学效果。

另外，中学物理老师也需要思考多媒体的运用优势，也就是借助计算机屏幕显示信息转换课本知识，给学生构建一个相对完整的学习流程。而且多媒体课件系统设计属于相对完整的知识框架，这一系统设计是以框架原色的设计为主，涵盖了知识点的规划、多媒体屏幕的设计以及计算机交互特征等，逐步强化中学物理教学活动，为学生提供相对完整科学的教学体验。

④编写文字脚本。在设置完成课件系统以后，需要依照设计原则以及思路等编写相应的脚本。事实上，文本脚本主要使用文字手段展现课件教学。其可以将教学设计观念展现出来，合理制作课件。剧本写作包含三个方面，其一是说明书，其二是剧本卡片，其三是教育目标与内容。

⑤脚本编写。事实上，制作脚本主要使用文字的手段设计课件情况，其属于课件制作的相应根据。其内容主要是依照划分教学单元情况，根据知识设计模块。在这样的前提下，设置相应的屏幕接口，对所有屏幕结构展开全面合理的设置。

⑥课件评价。在研究与开发多媒体课件的时候，要实现多个环节的评价工作。在研发课件以后，要做好合理公平的评价。课件评价可以对课件研发工作进行规范，一方面与我国教育事业实际发展规律相符，另一方面与软件研发要求相符。经过使用相应的评价体系评估课件情况，找出其存有的问题，不断归纳经验，保证多媒体课件的实际质量与效果。

通常情况下，教育教学评价主要是依照目标要求，使用测量手段与相应工具展开判断。其教育评价目标主要是经过评价方法明确教学质量与成效。也就是说，明确教育目标的实际完成情况。评价目标要和教育目标相统一。在构建评价指标体系的时候应该将教育目标当作是前提条件。要想防止评价过于片面化，强调其公平性，要明确相应的评价标准。其原则主要是使用课件，让学生实现相应的学习成效。进而将课件评价所具备的实践性以及技术性等特征充分展现出来。

（2）多媒体课件《牛顿第一定律》的制作

①教育教学需求：多媒体课件主要是让教师在实际教学以及学生学习的时候运用。

②课件的教学设计：在初中物理学科知识内容实际学习的时候，虽然学生并未全面学习“惯性与质量”相关知识内容，对本节知识内容知识大致进行了解。然而，让学生明确亚里士多德的观点存有错误现象：仅仅明确伽利略在做出理想实验的时候，可以得到相应的牛顿第一定律；经过惯性性质编程处理具体问题。在高中物理学科实际学习的时候，学生要在已经掌握物理知识的前提下，改善存有的不合理现象。

③教学目标：可以将牛顿第一定律的发现过程阐释出来，做出相应的阐述；阐释伽利略对于力和运动方面的思维与观念，设置出最为理想的实验活动，获得相应的结论；明确展现出牛顿第一定律（惯性定律），更加深入且全面的理解此定律，感知此定律的本质属性；可以举出案例进行说明：物体质量就可以对惯性情况进行量度。

④课件评价：多媒体课件主要是依照脚本进行设计与制作。在制作完多媒体课件以后，得到教师的建议，不断进行修改。最终，其成果要让教师使用在物理实验活动当中。在实现课件以后，将其运用在实践教育教学活动当中。

3. 多媒体课件与中学物理教学相结合的实践教学

在当前中学物理学科实际教育教学的时候，电路、电流以及磁场等知识在物理课程当中占据着非常重要的位置。因为电流无法看到，而内燃气运转流程难以观察。原子弹的爆炸在实验室里更难。某些小粒子难以观察，比如原子，离子以及分子等，某些改变非常快，难以进行观察。中学物理课程知识内容非常抽象，学生难以掌握物理规律。运用先进的多媒体技术，将内燃机工作程序以及电流流动等充分展现出来，让教学活动由看不到转变成看到，由静态转变成动态，进而获得更加明显的教育教学质量与实际成效。

在物理课堂具体教育教学活动当中，教师广泛运用多媒体设备，能够提高课堂教育教学活动的实际密度情况，保证教育教学任务活动的顺利展开。比如，运用投影仪展开定期检查，在大屏幕中将物理实验的整个过程充分展现出来，将题目展现出来，进而节约更多的写作时间。比如，运用投影仪分析及演示活动，让所有学生观察教师的实际阅读及实操情况。此手段能够节约更多的时间，获得更好的教育质量与实际成效。

（三）多媒体课件在中学物理课堂教学中的应用

1. 运用多媒体课件创设情景帮助学生建立物理概念

在我国自然科学当中，物理科学占据着非常重要的位置。物理学是自然科学的一部分，物理学概念属于科学概念范畴。它是反应物及其性质的一种思维形式。物理概念除了具有一般概念的性质外，还有其自身的特点。物理概念主要反映物质本身的物理性质或特性，以及一种状态或运动过程的物理性质。物理学的概念是以大量的物理事实和实验为基础的。它是对物理事实的基本反应。

在当前中学物理学科实际教育教学的时候，学生要学习物理概念，才可以明确物理事实情况，学习更多的物理原理以及规律，更好的处理物理方面的问题，学习更多的物理学科知识内容。教师要不断引导学生构建相应的物理概念，掌握更多的概念知识。

在有关物理概念实际教育教学过程当中，教师应该明确怎样引入此物理概念，调动学生的学习积极性与自觉性。根据实际情况归纳出物理概念分析表明，应该使用分类手段探寻共性情况。如若物理概念相对抽象，要深入挖掘这样的物理特性，使用更加简单的语言明确物理概念。教师也需要使用充足的案例让学生学习与掌握更多的物理概念，实现全面理解物理概念知识的目的。

在当下的中学物理教学进程中，运用的物理概念教学模式主要是根据多媒体技术展开教育活动，能够提升过去一半的成效。比如，在教师教学振动相关内容的时候，需要使用三个小实验活动，让学生更加感性地掌握物理课程知识。其一是依照单摆装置直接对垂直摆动物理实验实行演示，表明摆动有关特点；其二是借助橡皮筋乒乓球这一材料对水平摆动实验直接展示，这样能够凸显出摆动的实际特征；其三是使用一端进行摆动的塑料尺对点用手摆动活动进行演示。之后让所有学生共同做，将秋千所具备的特征充分凸显出来。在具体实验活动的前提下，找寻其存有的共同点。垂直摆、水平摆以及乒乓球等都具备往复特征。因此，非常容易找出其存有的相同点。在这样的前提下，不断进行总结。在垂直摆的时候，单摆装置需要在垂直位置上进行往复运动；对于水平摆而言，乒乓球需要在水平的位置进行往复运动；找出其存有的共同点，明确其具备平衡性位置。归纳三个小实验活动存有的共同特性，忽视原型存有的次要性因素，明确其主要因素，将主要矛盾问题凸显出来。通常情况下，运动物体在相应的平衡位置展开往复运动。之后将其本质特点抽象出来，并且进行相应的界定，其便被称作是物体在平衡位置上出现的往复机械运动。

2. 运用多媒体课件促进学生理解与运用物理规律

一般在物体规律探索的过程中，学生需要掌握其中的物理定律以及物理实验原理，其展现了在相应环境之下出现的物理现象。

物理定律与概念之间存有明显的差异性，物理概念属于思维方式，没有条件，但是物理规律属于客观性，在探索的过程中需要一定的条件，其是物理概念和物理理论相互融合下产生出来的。

在中学物理学科知识当中，物理规律占据着非常重要的位置，其属于整个物理结构体系的重要基础。在实际中学物理教学活动中借助物理规律教学是必不可少的。据教育调研指出，无论是物理实验教学还是概念性教学都离不开物理规律，都应该加工思维方式。在物理实验活动当中，学生学习物理概率与形象思维等都需要在众多感性资料的基础上展开，经过相应额度探究与分析。思维过程主要是抽象以及概括等。依照建构主义相关理论，学生在实际学习的时候主要是构建心理表征，也就是说，明确物理概念。其包含两个方面的内容，构建相应的意义，实现原始经验的全面合理重组，也就是说，明确物理概念间存有的关联性，不断细化相关物理概念。与此同时，建构主义属于学生理解事物的相应方式。外部因素经过多种内部因素将实际作用发挥出来。使用多媒体技术展开辅助性教育教学活动，让学生掌握物理规律的根本内涵。

3. 运用多媒体课件丰富物理实验教学

《普通高中物理课程标准》得以落实之后，此实验包含演示、探究以及调查等多种方式。在中学物理学科实际教育教学的时候，要重视课堂演示实验活动的顺利展开，提升学生的学习能力。在现阶段的物理课程实际教育的时候，实验设施设备的可视性特征非常低，需要明确演示的相应时间。一般情况下，在两个物体经过碰撞之后会形成相应的状态，其中间过程没有办法明确，在具体运用模型的时候也无法明确设施设备的具体活动情况。这样的因素让演示实验活动为学生所提供的环境并不理想。与此同时，难以调动出学生学习与掌握物理学科知识内容的主动性与自觉性。

中学物理课堂教育教学活动通过演示实验以及视频等展开。学生对平时生活当中的视频在具备感性认知以后，能够经过投影仪观看相应的演示实验。经过信息化与数字化设施设备进行全面探究，明确物理量间存有的关联性，让学生学习更多的物理课程知识内容。

4. 运用多媒体整合学习资源促进物理习题教学

在现阶段的中学物理学科习题实际教育教学的时候，习题内容非常多，尤其是在高三复课当中，高中生很难接受与掌握。让高中生总结以及归纳物理知识内容，形成相应的知识结构，之后把物理知识内容运用在练习活动当中，经过相应的练习让他们更加深入的掌握物理知识。在这样的情况下，需要重视的是，如若使用过去的教育教学手段，高中生处在较为被动的位置上学习物理知识。这样的高中物理学科教育成效并不明显，广泛运用多媒体技术所具备的优势作用，制作相应的复习课件，保证教育质量与实际成效。

（1）把多媒体用作多功能“小黑板”

在很多教师眼里面，多媒体仅仅是黑板的替代物品，并没有什么其余别的效果，这实际上是非常错误的理念。在进行习题教学的时候，因为习题课所存在的特点，要想有效提升习题教学质量，帮助学生完成知识点的快速复习，应该合理地进行习题选择。因此，物理教师在利用多媒体进行课堂知识教学的时候，应该通过视频以及图片的有效利用把知识更为直观形象的展示到学生面前，并以此来将学生的主观能动性更大程度的激发出来，更为高效地完成课堂知识教学。例如，在进行习题教学的时候，影象是必不可少的事物，和黑板这种载体相比，其能够产生更为优秀的动态效果。

（2）利用多媒体，可以直观地向学生展示习题情况

在进行习题教学的过程中，中学物理教师除了需要引导学生完成相关物理概念、规律以及定理的有效复习以外，更应该引导他们利用习题完成知识的准确理解。所以，习题教学的重点就是习题分析以及讲解。另外，物理老师在对物理题实行讲解的过程中，需要熟知物理规律、物理情景，并且在此过程中还需要合理的借助多媒体教学模式强化实际中学物理教学效果，逐步增强学生的物理核心素养，从而给学生未来的学习和发展奠定坚实的基础。

（3）运用多媒体教学，培养学生的建模能力和解决问题的能力

在引导学生进行习题练习的时候，教师需要完成的主要教学目标就是帮助学生掌握物理模型的建立能力。而通过物理模型的构建解决问题，可以有效提升学生的物理解题效率。因此，在进行物理知识教学过程中，教师应该跟上时代发展的脚步，采用更为科学合理的方式帮助学生掌握物理模型的构建方法。并且在进行多媒体教学的时候，教师完全可以利用动画进行物体模型的模拟，以此来让学生对相关知识有一个清楚的了解和认识，强化学生对物理知识的实用能力，推动多媒体课件在中学物理教学活动中的运用效果。

二、互联网环境下的中学物理高效课堂

（一）高效课堂的理论概述

1. 高效课堂的概念界定

在我国新一轮课程改革不断深入的背景下，新课改理论对课堂教学有了更高的要求。随着教育教学理论的发展，高效课堂的内涵也发生了相应的变化。目前，关于高效课堂的概念还没有具体的论述，其中与物理学科相关的高效课堂的概念更是少之又少。将高效课堂的有关研究成果与物理学科的特点相结合，以此为基础探究中学物理高效课堂的内涵。

“高效”一词的基本解释是效能高的，效率高的，是指在相同或更短的时间里完成比其他人更多的任务，而且质量与其他人一样或者更好。而高效课堂的提出则是相对于无效课堂来说的；高效课堂是指在正常教学的基础上，能够以尽可能少的时间和精力获得较好的教学效果和较高的教学效率。也就是说，相对于传统课堂的低效来说，高效课堂应该从教师的教学方法、学生的学习兴趣以及课堂教学活动等多方面来进行构建。那么，对于中学物理高效课堂来说，结合长期教育实践的经验，中学物理高效课堂就是“在正常的课堂教学中，培养学生科学的逻辑思维，激发学生对物理学科的学习兴趣，通过教师在课堂上的引导，能让学生在有限地课堂时间内高效的吸收教学内容，并促进学生的全面发展。”也就是说，在一堂课40分钟内，通过教师对学生的引导，激发学生对物理学科的学习兴趣，进而培养学生独立思考的能力，从而对所学的物理知识有着深刻的理解和熟练的应用，将新课改理念充分地展现在学生的课堂学习中。

当前，对于高效课堂的含义，主要还是从课堂教学效果和教学效率两个方面进行评判。

（1）教学效果

在物理课堂教学过程中，教师的教学设计以及教学水平决定了学生的学习效果。所以，在教师确定了教学目标以后，从教师的教学设计以及课堂教学活动的结果上观察多大程度上达到了教学目标的要求，从学生在课堂上的学习状态以及课后习题反馈来观察学生的学习效果。也就是说，课堂效果要由教师和学生相互配合以及共同努力才能完成，二者是缺一不可的。

（2）教学效率

指教学投入与教学产出之间的比较，其中教学投入是指教师与学生在教学过程中为获得一定的教学效果所投入的时间、精力及物质方面的总和；教学产出是指学生的成长与教师的进步的总和；课堂教学效益是指课堂教学完成后，教学所产生的教师教学水平、学生学习水平与社会和个人的教育需求相吻合及吻合的程度，也可以理解为课堂教学所体现的教育价值程度。

在对高效课堂的核心元素“高效”的概念进行界定的前提下，高效课堂是一种教学理念，这种教学理念指的是：营造一种在遵循教学活动的客观规律的前提下，用尽可能少的时间、精力和物力投入的基础上，完成教学任务和达成教学目标的效果好、效率高并且取得较高的社会价值和个人价值的课堂。根据学生实际学情及教师自己的专业能力尽最大可能达到这种课堂教学的状态，这就是高效课堂所倡导的教育教学理念。

2. 高效课堂的内涵

高效课堂是我国在新一轮课程改革不断深入的背景下提出适合社会变革以及符合人才培养要求的课堂教学方式，相比传统课堂模式更具有实效性、适应性和现实意义。“高效课堂”的含义是相对于“无效教学”提出来的，是有效教学理论的分支，是与理想课堂最接近的教学形式，其核心理念是“自主、合作、探究”。

其含义为：以有效教学理论为指导，在课堂教学中，充分合理地利用有限地教学时间，调整教学方法，选择科学有效的教学策略，获取最大的教学效果，使学生的知识储备，能力提升得到最大限度的发展。学生在教师的引领下能积极投入到课堂学习中来，主动地思考问题，自主地进行探索研究，真正地成为课堂的主人，能够在有限的课时内高质量地完成学习任务。高效课堂还关注学生对知识的内化量以及对学生能力的培养，提高学生的知识内化量有助于增强学生自主探究的能力，丰富学生的知识层次，开拓学生的眼界。学者在研究高效课堂过程中形成一致的共识，总的来说主要体现在两个方面：第一，课堂效率最大化，主要是指学生在有限的课堂时间内，所学知识的内化量、心理机能的变化量以及知识实际运用能力都达到最大化，在付出相同的时间、精力、物力时产生更好的效果；第二，课堂效益最大化，这方面主要是指高效课堂的教学模式对学生的知识学习、情感、态度、价值观、人格、灵魂等方面的影响最大化。高效课堂不仅是方法，更是一种教学思想；不仅是教育理念，也是一种行动指南。高效课堂可以实现国家提倡的素质教育与家长期盼的学生升学的完美结合，所以有专家提出高效课堂不仅是“知识的超越，更是生命的狂欢”。

（二）构建中学物理高效课堂的行为策略

1. 构建高效课堂的教师行为策略

（1）分层次教学策略

学生在课堂教学中的参与度不高，从而影响了学生的学习兴趣。那么造成这个问题的主要原因在于，在实际的教学中学生学习物理的基础不同，学习能力有差异，所以往往以中等生为基准进行统一教学，这种做法虽然满足了大部分学生的学习需要，但对于优等生来说，他们的知识基础比较好，学习能力也比较强，老师所讲的内容无法满足他们的学习需要；但对于学困生来说，他们的基础知识薄弱，学习能力也不强，听不懂老师在讲什么也跟不上老师的进度，长期游离在课堂以外。所以无论老师讲的内容是简单的还是稍有困难的，都无法满足所有的学生的需求。为了让每个同学都能得到充分的发展，提高课堂效率，在教学中引入分层次教学的方法，以此来提高学生的课堂参与度和课堂效率。

所谓分层次教学就是对不同层次的学生编制相应的教学目标，给学生提供合适的教学内容，采取有效的教学方式，布置学生能力范围内的作业。这样基础差的学生会在课堂上学有所得，不断地获得自信；而基础较好的学生可以充分地发挥自己的能力，获得满足感；基础一般的同学也可以在学习中获得莫大的成就感。这样就可以使每个层次的学生都有相应的收获。

（2）引导式教学策略

现阶段物理课堂的教学模式主要还是以教师讲授为主，学生习惯性的只是在课堂上进行听课，不用去思考问题，也不愿去发现问题，更不愿去解决问题，只要听老师的安排就好；而新课改所倡导的课堂模式则是构建以学生为主的高效课堂。那么要想构建高效课堂，最重要的是学生要在课堂中有较高的参与度。而在实际的课堂教学中，严谨的教学结构、紧凑的教学环节、丰富的题型练习，让学生课堂上没有足够的时间思考，使学生的学习处于被动地位。渐渐地学生没有了提问的习惯，甚至对物理学科产生了厌恶感，对学习丧失了动力，进而减少了对课堂活动的参与，造成了课堂教学的低效率。所以很多教师为了提高学生在教学活动中的参与度，造就了“满堂问”的课堂形式，不断地提问使课堂气氛活跃起来，学生也在不断地思考问题。但老师主要是以问答的形式带着学生的思路走，课堂所展现的效果实际上是老师的思路，学生只是参与而已。这也就解释了为什么许多学生觉得自己听懂了，课后依然不会做题的困扰。老师过度的“指导”使学生失去了主动思考的能力，从而无法培养学生发现问题和解决问题的能力，那教师该怎么做才能提高学生的学习技能呢？根据成就动机的相关理论，如果在课堂教学中教师可以引导学生去发现问题、解决问题并且展现自己的学习成果，那么他们就可以在这个过程中感受到成功的喜悦，从而激发他们的学习动力。所以引导式教学可以让学生在课堂上获得情感上和心理上的满足，从而增强学生的课堂参与度，提高课堂效率。

引导式教学模式是通过老师的引导，使学生去发现问题，从而主动地探索知识、发现知识的教学模式。在教学过程中，这种教学模式强调的是学生的学习过程，老师不告知现有的答案，而是让学生通过对问题的思考，自己独立地进行设计、探索，而后在老师的指导下发现问题、分析问题并解决问题。它注重的不是结果而是过程，充分体现了在教师的引导下，以学生为主体的高效课堂的构建理念。所以对于引导式教学模式的构建，主要从以下几个方面进行。

①要构建和谐的课堂气氛。心理学家罗杰斯认为：“成功的教学依赖于一种真诚的尊重和信任的师生关系，依赖于一种和谐安全的课堂气氛。”学生在和谐的课堂气氛下，会全身心地去思考问题，可以充分地发挥自己独立思考的能力。但如果老师过多地去指责学生，会使学生产生压抑感，从而不敢提出问题，也就无法培养学生学习技能。所以，老师要给予学生多一些包容，努力创造师生平等的和谐课堂。

②要引导学生进行有效的自学。在进行新课教学前，老师可以引导学生对新课的内容进行理解。比如，将新旧知识联系起来进行比较然后提出问题；了解概念定义后提出问题等。让学生带着问题进入老师的新课，并且在老师的指导下解决问题。这样可以激发学生的探索欲，使学生对后边知识的学习更深入，使得教学效果更加理想。

③要引导学生善于动手发现问题。物理是以实验为基础的学科，所以对学生的动手能力提出了较高的要求，只有通过实验验证，才能将有些抽象的知识变为具象的知识，才能真正地体验探究过程。所以在学习的过程中，为了更好地理解物理知识，要鼓励学生去动手体验，从而发现问题。这种形式所学的知识效果要比死记硬背地效果更好一些。

（3）探究式教学策略

通过分析发现，学生在学习过程中主动性较弱，对教师的依赖性较强，导致学生缺乏独立学习的能力以及科学探究的能力。但在实际的课堂教学中，当教师带领学生进行实验探究时，发现很多学生的自主探究能力较弱，真正参与其中的学生很少，大多数的学生都是在“走形式”，导致课堂的实际参与度很低，教学效率下降。为了提高课堂效率，增强学生的学习主动性，教师应在教学中充分应用探究式教学，以此来培养学生的科学素养，促进学生的全面发展。

所谓探究式教学，是指学生围绕一定的问题、文本或材料，在教师的帮助和支持下，自主寻求或自主建构答案、意义、理解或信息的活动或过程。就像科学家进行科学探究一样，通过探究式教学来培养学生独立学习的能力和科学探究能力，从而促进学生的全面发展。所以它既是一种有效的教学方式，也是一种很好的学习方式，是一种尊重学生天性和学生发展规律的一种教学模式。对于物理教学来说，首先，要让学生掌握物理知识以及有关的探究要点，比如科学探究的要素、科学的本质以及科学方法等。其次，要培养学生科学实践的能力，包括学生的科学思维能力以及时间能力。教师应在教学中多给学生提供实践机会，组织多种多样的教学活动，让学生在活动中锻炼不同的实践技能，以此提升科学探究能力。最后，要在探究式教学中培养学生的好奇心及审美观，树立科学精神和价值观。

学生在参与教学实践过程中，通过对物理现象的认识探明科学的原理从而产生对科学的好奇，进而可以培养学生勇于探索的科学精神和正确的价值观念。

探究式教学的适用原则如下。

①主体性原则：在课堂教学活动中，学生是活动的中心，是知识构建和学习行为的主体。教师则位于课堂活动中的主导地位，为课堂教学活动的情景创设和学生的探究过程做适时的指导。

②适应性原则：根据学生的情况，对问题的难度、提出的方式进行设置。从而有效地激发学生的内在动力，使学生可以主动进行思考和探究。

③开放性原则：在课堂教学中，充分尊重学生提出的超预设问题，让学生在轻松的课堂氛围中充分体验科学探究的过程，最大程度地激发学生的潜力。

（4）合作式教学策略

在当前素质教育的背景下，小组合作学习成了教师常用的一种有效教学手段，其优点在于能够充分地发挥学生的主观能动性，确保学生在课堂上的主体地位，为构建物理高效课堂打下坚实的基础。所谓的合作学习是指学生以小组或者团队的形式共同完成任务，并且存在着明确的责任分工，在合作过程中成员之间的交流与互动能够增进彼此的信任感，有助于培养学生的团队意识和集体观念，淡化了学生个体之间的竞争，有助于培养学生良好的性格。

目前小组合作学习越来越受到物理教师的青睐，越来越多的教师在物理教学中运用合作学习的教学模式，并取得了不错的效果，但同时也显现出了一些问题。所以，针对小组合作学习模式构建中学物理高效课堂，有以下几方面的建议。

①保证分组上的合理性。在实际的课堂教学中，教师要保证分组的合理性。首先，教师要遵守“组内异质、组间同质”的原则，确保每个小组之间的实力是均衡的；其次，教师可以根据问题的难易程度来有效的划分小组范围，以保证学习的有效性。

②保证学生的主体地位。小组合作学习作为一种有效的教学手段，不但能够激发学生的主观能动性，还确保了学生在课堂中的主体地位。教师在课堂上的角色不是课堂的主宰者，而是课堂的引导者。通过教师的引导，让学生来自主的发现问题，小组合作来解决问题，以培养学生自主探究的能力。

③保证评价的全面性。客观的教学评价对于提高小组的学习质量、促进学生学习的主动性有着积极地意义。教师要在教学中对合作学习的过程进行客观的评价，并且借助多种评价指标对学生进行全面性、综合性评价，以此来激发学生学习的积极性。

小组合作学习的意义在于：首先，它可以提高学生学习的积极性，在小组学习互动中提升学习兴趣，化被动学习为主动学习；其次，有效地激发学生的潜能，在合作学习过程中，可以强化和发展学生的发散性思维和创造性思维，从而激发学生的内在潜力；最后，可以促进学生的全面发展，在小组合作学习的过程中，不但能集思广益还可以开阔视野，在磨炼性格的同时培养团队精神，有效地促进了学生的全面发展。

（5）实验教学策略

实验作为物理学科的基础，在物理学建立的过程中占据十分重要的地位，许多物理结论都是通过实验得出来的。通过实验可以让学生直观的了解物理规律的探究过程，可以将学生不易理解知识通过实验现象直观地展现出来，可以帮助学生加深对知识的理解。现阶段的课堂教学中，由于教学任务比较重，学生很少有机会可以亲自动手做实验；再加上有些学校的实验条件有限，很多必做的实验，老师都是通过口述的方式进行实验描述的，或者采用多媒体教学让学生观察实验现象，所以学生对于物理实验的操作能力很弱。而新课程改革的要求是培养学生全面发展，所以物理实验教学又被重新地重视起来了，并且学生对实验教学的期待值还是很高的。

对于物理实验，教师可以根据实际情况来进行设计。比如说对于一些比较简单的实验，教师就可以使用一些生活中常见的物品来进行实验操作，既可以免除寻找专业实验仪器的烦恼，又可以使学生加深对物理知识的理解，让学生更深层的理解物理规律源于生活。并且在进行实验演示时，教师应该鼓励学生多动手去做，去接触实验仪器，这样可以在物理课上充分的调动学生的积极性，加深学生对物理知识的印象与理解，同时也培养了学生的创新思维和严谨的学习态度。

除此之外，还要培养学生构建模型的能力。应用物理知识将生活中常见的问题概括出来，然后在头脑中构建相关的物理模型。调查发现，学生在课后作业时感到很困难，其中一个原因就是学生对题意的理解存在着问题，也就是学生对物理模型的建构能力比较弱，从而影响了解题的效率。物理模型的构建是对物理问题进行具象化和概括化处理，是研究物理学的重要思想方法。所以，在物理实验课堂教学中，教师要让学生积极参与其中，不仅可以锻炼他们的动手能力，还可以让学生体会从“发现问题”到“解决问题”这个过程中克服困难的感受以及最后“获得成功”的喜悦，从而提高了学生解决问题的能力。解决问题的能力提升了就能使学生的思维能力有了更好的发展，使学生的直观思维向抽象思维转化；根据学生已有的知识进行推理和论证，使学生的逻辑思维能力有了很大的进步，不但让学生更加乐于探究，还提升了学生核心素养。

2. 构建高效课堂的学生行为策略

（1）课前预习策略

对于学生来说，课前预习是提高学生学习效率的必要手段。课前有效的预习，可以使学生有效地掌握新内容的知识结构，确定学习目标，明确重、难点。特别是对物理学科来说，中学物理知识结构复杂，知识内容比较抽象，学生在课前有效的预习可以掌握新知识的内容，了解新内容的知识结构。学生的预习不是单纯的阅读教材上的内容，而是在了解知识内容以及结构的前提下，然后针对教材内容提出自己的疑惑，带着问题进入课堂，明确了自己学习目标，那么老师讲授的效率就会高很多。或者学生可以带着自己的问题与同学进行讨论，通过合作探究解决问题。那么在学生阅读教材的过程中，可以培养学生坚韧的学习意志；在学生发现问题的过程中，培养了学生独立思考的能力；在学生发现问题、分析问题以及解决问题的过程中，培养了学生自主学习的能力；在与同学合作探究的过程中，培养了学生的合作交流能力。

所以，课前预习既可以培养学生独立自主的精神，又可以培养学生严谨的科学态度，并且使每位同学在原有的基础上都获得了相应的进步。因此，课前预习是学生应该掌握的一种学习策略。

（2）课上学习策略

课堂教学是丰富学生知识体系、解决学生疑惑的重要渠道。在课堂上，学生要认真听课，全身心地投入到物理课堂中去。在课堂上，学生要紧跟老师的思路，因为物理的知识连续性特别强，如果前面的知识体系有断裂，那么将直接影响后边知识的学习。所以听课要抓住几个重点：①要仔细听老师所强调的重点内容，因为那些往往是考试中出现的高频点。抓住一节课的重、难点是就相当于抓住了知识体系的主干，有利于学生寻找学习的侧重点；②要着重的听预习时疑惑的问题，因为这是最好的解决问题的机会。课堂教学是为了向学生传授知识，知识结构最细致，知识点最清晰，所以是最适合于解决问题的途径；③要注意老师对知识点的剖析和与实际生活联系。物理知识深而烦琐，仔细听老师的剖析有助于学生对知识点的理解，注意物理知识与生活现象的联系，有助于学生对知识的记忆；④要重点听老师对每节课的总结以及对知识的梳理。课堂的总结有利于学生对自身知识体系的检验，通过知识梳理找出自己缺失的地方，提升知识体系的完整度。这样有目的的听课，效率才会变高。

但是在听课的同时，学生也要有动手写的习惯，正所谓好记性不如烂笔头，在听课过程中要有记笔记的好习惯。但不是将板书原原本本的记下来，而是要记下内容纲要，加上老师所强调的重点以及没有体现在板书上的典型的例题，并且在记的过程中要对所写的内容进行思考，适当地写下自己的问题与解决方法。在听课的同时记录下知识内容，不但起到了对知识梳理的作用，而且还加深了对知识的记忆。这样形成的笔记才会在日后的复习起到重要的作用，这种听、记的配合才会让学生在有限的时间内达到最大的学习效率。

（3）课后复习策略

要想将知识永久的记忆在头脑中，除了课前有效预习、课上认真听课外，课后的复习也是必不可少的。研究表明，人在学习新知识后，在一小时内的遗忘率会达到56%，八小时内的遗忘率会达到66%，随着时间的推移人的遗忘率会越来越高。所以课后及时的复习会加深学生对所学知识的印象，减少知识被遗忘的比率。那么课后有效的复习可以让学生将不成体系的知识点串联起来；在复习的过程中，要注意将课上老师所强调的重点以及课前预习时有疑问的问题，反复地进行研究，将重点的公式、定理熟烂于心；要区分开相似知识点之间的区别，以免混淆。这样及时的复习，才能将短时记忆转化为长时记忆，将老师所教授的东西转化为自己的知识体系。

课后复习除了对知识、定律复习以外，更重要的是对物理知识进行应用。对物理学科的学习关键在于应用，所以适当地进行一些必要的习题训练。因为每个物理公式都有相应的适用范围，而学生往往对于公式的适用范围很模糊。所以运用物理知识解决问题，在实践中积累经验的同时还可以更透彻的理解知识，并且在复习中不建议做大量的习题，而是多找不同类型的习题进行训练，了解各类习题的特点，将其进行归纳总结。这样有助于在今后做题时，只要分清习题的类型，就可以找到相应的方法，既锻炼了学生总结归纳的能力，又为学生节约了做题的时间，从而提高了学习的效率。虽然物理学科整体上看难度较大，但只要有方法进行耐心的复习，就会有很大的收获。只有把学习过程中的每一步都做到位，学习质量才会有保障。

参考文献

[1] 周中森，卞萍 . 中学物理教师的神圣职责 [M]. 南京：江苏人民出版社，2013.
[2] 陈珍国 . 基于诊断的中学物理教师教学技能训练教程 [M]. 上海：复旦大学出版社，2014.
[3] 沈英琪，艾伦，李鼎 . 中学物理数字化实验教学研究 [M]. 东营：中国石油大学出版社，2016.
[4] 杨鸣华 . 做而论道：中学物理课堂教学设计、实施及感悟 [M]. 上海：上海科技教育出版社，2016.
[5] 郭玉英 . 中学物理教师的探究教学观研究 [M]. 南宁：广西教育出版社，2016.
[6] 花亮 . 中学物理教师教学实训教程 [M]. 南京：南京师范大学出版社，2016.
[7] 程小健 . 中学物理教学技能理论与实践 [M]. 芜湖：安徽师范大学出版社，2017.
[8] 郧云文 . 中学物理教学理论与方法 [M]. 北京：北京邮电大学出版社，2017.
[9] 窦瑾 . 中学物理教学设计 [M]. 长春：东北师范大学出版社，2017.
[10] 莫芮 . 中学物理学习策略实证研究 [M]. 成都：四川大学出版社，2017.
[11] 于文高，陈浩 . 中学物理教学设计与案例分析 [M]. 苏州：苏州大学出版社，2018.
[12] 白源法等 . 新技术新媒体在中学物理教学中的应用 [M]. 福州：福建教育出版社，2019.
[13] 许静 . 中学物理课堂环境教学论 [M]. 天津：天津人民出版社，2019.
[14] 陈美峰 . 目标导向下的中学物理作业改进研究 [M]. 上海：上海教育出版社，2019.

[15] 华雪侠．中学物理实验教学行为的研究 [M]．西安：陕西师范大学出版总社有限公司，2019.

[16] 王较过，马亚鹏，任丽平．中学物理教学案例研究 [M]．西安：陕西师范大学出版总社有限公司，2019.

[17] 马亚鹏．中学物理教育教学问题研究 [M]．西安：陕西师范大学出版总社有限公司，2020.

[18] 邹高云．中学物理教学引入翻转课堂模式的有效性思考 [J]．中学物理教学参考，2018，47（16）：4-5.

[19] 陈香平．新课程背景下中学物理实验教学改革策略 [J]．华夏教师，2019（01）：60-61.

[20] 文定婷，胡雅，盛玉桂，等．信息时代背景下中学物理习题课教学模式研究 [J]．信息记录材料，2019，20（01）：169-170.

[21] 龙星名．探讨核心素养下的中学物理教学设计模式 [J]．新智慧，2018（34）：9.

[22] 周翠菊．新课程背景下初中生物理创新能力的培养 [J]．课程教材教学研究（教育研究），2018（Z5）：46-47.

[23] 曹小常．浅谈中学物理实验教学的几点方法 [J]．读写算，2018（26）：79.

[24] 郝永福．中学物理的教学现状与思考 [J]．学周刊，2018（23）：85-86.

[25] 周丽．浅谈培养初中学生的物理核心素养 [J]．数理化解题研究，2018（17）：69-70.

[26] 李生敏．中学物理课堂有效教学提问策略研究 [J]．中学课程辅导（教师通讯），2018（02）：50.

[27] 李峰．浅谈多元化教学模式在中学物理课堂教学中的应用 [J]．考试周刊，2017（91）：164.